U0459974

高校劳动文化教育改革路径研究

刘　斌　黄　妩◎著

吉林出版集团股份有限公司

全国百佳图书出版单位

图书在版编目（CIP）数据

高校劳动文化教育改革路径研究 / 刘斌，黄妩著
. -- 长春 : 吉林出版集团股份有限公司 , 2023.6
ISBN 978-7-5731-3916-0

Ⅰ.①高… Ⅱ.①刘… ②黄… Ⅲ.①高等学校—劳动—校园文化—教育改革—中国 Ⅳ.① G647

中国国家版本馆 CIP 数据核字 (2023) 第 128704 号

高校劳动文化教育改革路径研究

GAOXIAO LAODONG WENHUA JIAOYU GAIGE LUJING YANJIU

著　　者　刘　斌　黄　妩
责任编辑　林　丽
封面设计　李　伟
开　　本　710mm×1000mm　　　1/16
字　　数　210 千
印　　张　11.75
版　　次　2024 年 1 月第 1 版
印　　次　2024 年 1 月第 1 次印刷
印　　刷　天津和萱印刷有限公司

出　　版　吉林出版集团股份有限公司
发　　行　吉林出版集团股份有限公司
地　　址　吉林省长春市福祉大路 5788 号
邮　　编　130000
电　　话　0431-81629968
邮　　箱　11915286@qq.com
书　　号　ISBN 978-7-5731-3916-0
定　　价　71.00 元

前　　言

　　劳动作为人类赖以生存的首要前提，也是我们建设社会主义国家的前提和手段。想要建设好我们的国家，就需要培养千千万万合格的劳动者。当前，我国社会主义现代化建设迅速发展，供给侧结构性改革不断深化，产业的发展对人才的需求日益旺盛，特别是技术、技能型人才的培养日益成为产业发展的关键。随着我国高等教育实现大众化，高校毕业生就业难成为普遍现象，但与此同时，相当多的企业却出现人才短缺和产品创新力不足的状况。这反映出了教育和产业脱节的问题。但从深层次分析，这体现出了高校毕业生的劳动态度和劳动能力问题。

　　本书第一章为劳动文化概述，主要论述了我国古代劳动文化理论、马克思主义劳动文化理论、劳动文化在我国的发展历史、劳动文化的内涵、劳动文化的形式与涵养几个方面的内容。本书第二章为高校劳动文化教育研究，主要包括劳动文化教育概述、树立正确劳动观念、弘扬劳模精神、弘扬工匠精神等方面的内容。本书第三章讲述了如何开展高校劳动实践的教育，分别对日常生活劳动实践、社区劳动与志愿服务实践、参与勤工助学、积极参加社会实践几方面内容进行了详细的叙述。本书第四章阐述了劳动文化中专业技能的培养，包括专业技能的内涵、专业技能的价值、大学生专业技能的培养三方面的内容。本书第五章讲述了劳动文化中的职业教育，包括培养大学生的职业意识、培养大学生职业责任和职业道德两方面的内容。本书第六章讲述了劳动文化中的团队精神培养，主要对集体劳动内涵、集体劳动与团队精神、团队精神培养几个方面的内容进行概括。本书第七章讲述了劳动文化中的创造性能力培养，包括创造性劳动内涵、创造性劳动能力与方法、大学生创造性劳动能力的培养三方面的内容。本书第八章为劳动文化创新研究，分别阐述了高校劳动文化教育现状、劳动文化在人才培养中的作用和地位、劳动文化在高校教学中的创新、劳动文化教育的全面开展几个方面的内容。

　　在撰写本书的过程中，作者得到了许多专家学者的帮助和指导，参考了大量的学术文献，在此表达真诚的感谢。由于作者水平有限，书中难免会有疏漏之处，希望广大同行及时指正。

刘斌　黄妧

2023 年 3 月

目　录

第一章　劳动文化概述

本章为劳动文化概述，主要论述了我国古代劳动文化理论、马克思主义劳动文化理论、劳动文化在我国的发展历史、劳动文化的内涵、劳动文化的形式与涵养几个方面的内容。

第一节 我国古代劳动文化理论

一、《诗经》中的劳动文化研究

《诗经》是我国第一部诗歌总集。最初人们称其为《诗》，汉代儒家学者将其奉为经典，被后人称为《诗经》。"以诗说史"是我国自古以来的传统，司马迁在考察殷周至春秋的历史时多取自诗。从古代史官"采风（诗）以观政"和孔子"诗可以观"来看，《诗经》反映的确实是"全面的社会生活"。《诗经》作为我国最早的一部诗歌总集，反映的是周代 500 年间的社会生活，其中关于劳动的描写是对当时劳动文化的反映。

（一）热爱劳动和以劳为乐

自古我国先民具有热爱劳动的优秀品质，他们将劳动视为人生最大的快乐，在辛勤的劳动过程中创造快乐、发现快乐和体验快乐。《诗经》中不乏有很多欢快愉悦的劳动场面的描写。

如《芣苢》："采采芣苢，薄言采之。采采芣苢，薄言有之。采采芣苢，薄言掇之。采采芣苢，薄言捋之。采采芣苢，薄言袺之。采采芣苢，薄言襭之。"它写的是三五成群的女子在山坡旷野采摘车前子草时的劳动景象，通过歌声展现了她们劳动时的欢快心情和生动活泼的气氛。

又如，《魏风·十亩之间》"十亩之间兮，桑者闲闲兮，行与子还兮。十亩之外兮，桑者泄泄兮，行与子逝兮"，体现了地处北方的魏国先民勤劳乐观的劳动场景和热爱劳动的生活态度。

《国风·齐风·南山》中关于"蓺麻如之何？衡从其亩"以及"析薪如之何？匪斧不克"，这些比喻彰显了劳动阶级对劳动的热爱。

《小雅·无羊》通过对放牧场景的描写，描绘了一幅美丽而欢乐的画面。"谁谓尔无羊？三百维群。谁谓尔无牛？九十其犉。尔羊来思，其角濈濈。尔牛来思，其耳湿湿。或降于阿，或饮于池，或寝或讹。尔牧来思，何蓑何笠，或负其糇。三十维物，尔牲则具。尔牧来思，以薪以蒸，以雌以雄。尔羊来思，矜矜兢兢，不骞不崩。麾之以肱，毕来既升。牧人乃梦，众维鱼矣，旐维旟矣，大人占之；众维鱼矣，实维丰年；旐维旟矣，室家溱溱。"充分体现了作者热爱劳动和以劳动为乐的价值观。

另外，《诗经·大雅》中，《生民》《公刘》《绵》构成了周人劳动史诗的一个系列。《大雅·生民》写周人始祖在邰从事农业生产的史实，《大雅·公刘》写公刘由邰迁豳开疆创业的史实，而《绵》写古公亶父自豳迁居岐下规划田亩建造房屋的史实。这些篇章体现了劳动人民热爱劳动的优秀品质。

（二）崇尚劳动和以劳为美

美是人类永恒的追求。自古我国先民崇尚劳动之美，他们将劳动和审美融为一体，创造了以劳动和劳动者为美的价值观。如《国风·齐风·还》通过对猎人相互赞誉对方猎技的描写，抒发了作者对劳动者的崇尚和赞美。"子之还兮，遭我乎峱之间兮。并驱从两肩兮，揖我谓我儇兮。子之茂兮，遭我乎峱之道兮。并驱从两牡兮，揖我谓我好兮。子之昌兮，遭我乎峱之阳兮。并驱从两狼兮，揖我谓我臧兮。"诗中赞美了猎人的矫健、勇敢和技艺的高超，并借此表达了作者对劳动者伟大形象的尊崇。

《国风·齐风·卢令》则用简洁的诗句直接赞美了劳动者的外在英姿和内在美德。"卢令令，其人美且仁。卢重环，其人美且鬈。卢重鋂，其人美且偲。"

《国风·周南·关雎》将"参差荇菜，左右采之"和"参差荇菜，左右芼之"的忘我劳作与"窈窕淑女"的人体之美相结合，描述了少男少女在捞取荇菜的劳动中，相互倾慕、收获爱情的唯美的劳动场景。作者将劳动品质与美丽爱情相结合，谱出了一曲美丽的劳动赞歌。

《国风·召南·采蘋》则将劳动与少女心灵的塑造结合起来，用劳动衬托年轻女性的心灵之美。"于以采蘋？南涧之滨；于以采藻？于彼行潦。于以盛之？维筐及筥；于以湘之？维锜及釜。于以奠之？宗室牖下；谁其尸之？有齐季女"，通过描绘少女待嫁之前紧张忙碌和庄严圣洁的劳动过程，作者表达了少女对婚嫁的纯洁和神圣的情怀。

《国风·周南·葛覃》描述的是已经出嫁的女子在回娘家之前，特意换下并仔细搓洗内外的场景："薄污我私，薄澣我衣。"

《国风·周南·卷耳》通过将女子的劳动场景与美丽的爱情畅想联系起来，塑造了一个饱含忧思的唯美画面。

《国风·召南·采蘩》则通过描写宫中女佣人忙碌时发饰的凌乱来刻画劳动场面，将女性的形态美与劳动的繁忙融在一起，塑造了宫中女佣不辞劳苦的亮丽风采。

《国风·召南·驺虞》则将劳动与仁爱品格联系起来，作者通过赞扬猎人高超的射击本领，抒发自己仁爱的价值理念。"彼茁者葭，壹发五豝，于嗟乎驺虞！彼茁者蓬，壹发五豵，于嗟乎驺虞！"此诗表述了人们在春蒐之礼上驱除害兽，但又猎不尽杀的仁慈情怀。

《国风·唐风·采苓》则将劳动与诚实守信联系起来。"采苓采苓，首阳之巅。人之为言，苟亦无信。舍旃舍旃，苟亦无然。人之为言，胡得焉？采苦采苦，首阳之下。人之为言，苟亦无与。舍旃舍旃，苟亦无然。人之为言，胡得焉？采葑采葑，首阳之东。人之为言，苟亦无从。舍旃舍旃，苟亦无然。人之为言，胡得焉？"表达了劳动人民对人与人之间真诚相处的美好愿望。

《小雅·采薇》《小雅·采芑》则分别从采薇、采芑起兴，将普通的劳动场面与戎马将士的沙场立功表现联系起来，由小及大，为普通的劳动行为赋予了爱国奉献的神圣意蕴。

（三）丰收来自勤劳

勤劳是我国劳动人民的优秀品质。自古我国先民就认识到丰收来自勤劳，并因此树立了颂扬辛勤劳动的文化传统。虽然《诗经·小雅·大田》是一篇周王祭祀田祖等神祇的祈年诗，但通过描写"大田多稼，既种既戒，既备乃事。以我覃耜，俶载南亩"以及"去其螟螣，及其蟊贼"和"妇子"们"馌彼南亩"的场景，揭示了作者对农作物丰收来自辛勤的春耕和辛苦的劳作的思想和感悟。

（四）珍视劳动果实

劳动成果来之不易，珍惜劳动成果就是尊重劳动和劳动者，这也是中华民族的传统美德。如《周颂·丰年》通过描写劳动人民对劳动果实的丰收进而阐发其对美好生活的向往。"丰年多黍多稌，亦有高廪，万亿及秭。为酒为醴，烝畀祖妣。以洽百礼，降福孔皆"，表述了劳动人民对劳动果实的赞誉之情。

二、《尚书》中的劳动文化研究

《尚书》作为中国上古历史文献和部分追述古代事迹著作的汇编，是儒家重要的核心经典著作之一，反映了华夏先民对自然社会和人生哲理的认识和理解。其中，崇尚劳动成为其一以贯之的价值观，《尚书》也由此开了中国古代劳动文化之先河。

（一）敬重生产规律，提倡科学劳动

《虞书·尧典》作为《尚书》的首篇，是尧时期意识形态和上层建筑的主要反映。在开篇赞颂尧的历史功绩时，该篇用了很大篇幅记述了尧为了发展生产，制定历法的故事。其中明确指出"历象日月星辰，敬授民时"，即制定历法的目的是让百姓能够按照时令从事生产活动。有了历法，人们就有了生产活动的时令指导，"日中，星鸟，以殷仲春。厥民析，鸟兽孳尾"，即依照昼夜时间相等和黄昏时鸟星出现在南方地域，确定了仲春时节。百姓在这个时候就要到田野上耕作了，鸟兽也开始生育、繁殖。

《虞书·舜典》在记述舜任命官员时，"食哉惟时！柔远能迩，惇德允元，而难任人，蛮夷率服"，即农业生产遵循时令科学，并将依照科学规律安排生产放在治国理政之首，将其与政治上体恤臣民和近德拒佞一同作为治国兴邦的重要举措。

《夏书·禹贡》记述的是"禹别九州，随山浚川，任土作贡"，即禹治水成功后划分九州并导山导水的情形，其中治水的成功主要是遵从了自然规律，由此也推动了农业发展、贸易通行和社会安定，进而也体现了整个社会各安其位的规律。

（二）确立崇尚劳动和珍视劳动果实的价值观

1. 崇尚劳动

《虞书·舜典》在记述舜的历史功绩时，讲道："肇十有二州，封十有二山，

浚川"，即舜划定十二州疆界，并在十二座山上封坛以作祭祀，并疏通了河道。这里将其"疏通河道"与划疆界和封坛祭祀作为重大历史功绩并列。《虞书·大禹谟》记述了禹辅助舜时二人关于治国理政的一段对话，其中，舜帝说，"来，禹！降水儆予，成允成功，惟汝贤。克勤于邦，克俭于家，不自满假，惟汝贤"，即舜在评价大禹治水的历史功绩时说："来，禹！洪水警诫我们的时候，实现政教的信诺，完成治水的工作，只有你贤"。

《商书·汤誓》记述的是商汤举兵伐桀前的动员演讲。其中，商汤在动员和求得民众支持时，指出了民众反对的理由，即"今尔有众，汝曰：'我后不恤我众，舍我穑事，而割正夏？'"并重点对此进行了说明和反驳。可见，国君放弃农事从事征讨，在当时是不被民众认可的，也从侧面说明农业生产是当时民众的主流价值观。《周书·多方》中，周成王在宗周昭告邦众"尔乃自时洛邑，尚永力畋尔田，天惟畀矜尔，我有周惟其大介赉尔，迪简在王庭。尚尔事，有服在大僚"，即告诉那里的百姓如果能持之以恒尽力耕作田地，就会得到上天的怜悯以及朝廷的赏赐和重用。

《商书·梓材》中，作者用劳动生产作比喻说明如何明德，"若稽田，既勤敷菑，惟其陈修，为厥疆畎。若作室家，既勤垣墉，惟其涂塈茨。若作梓材，既勤朴斫，惟其涂丹艧"，即种田既已垦田和播种，就应整地筑田、开挖水沟；修造房屋既已筑起墙壁，就应完成涂泥和盖屋；制作梓木器具，既已剥皮砍削，就应完成彩饰，从中也体现了作者对劳动崇尚之情。

2. 提倡统治阶级参加生产劳动

《周书·无逸》在记述周公追怀文王时，赞扬文王穿着朴素衣服，与百姓一起参加田间劳动，从早干到晚，顾不上吃饭。"文王卑服，即康功田功。徽柔懿恭，怀保小民，惠鲜鳏寡。自朝至于日中昃，不遑暇食，用咸和万民。文王不敢盘于游田，以庶邦惟正之供。文王受命惟中身，厥享国五十年"，展示了我国先人特别是统治阶级崇尚劳动的可贵的价值观。

3. 珍视劳动果实

《商书·洪范》在讲述"五行"时讲"稼穑作甘"，将"可种植庄稼的土"与"甜味"联系起来。在讲述"八政"时，将"管理粮食"作为第一要务，还明确将"富"

作为"五福"的重要内容，将"贫"作为"六极"的重要内容，充分体现了对劳动和劳动果实的尊崇。

《周书·金縢》记载的是周武王死后成王消除对周公误解的事件。误解消除后"王出郊，天乃雨，反风，禾则尽起。二公命邦人凡大木所偃，尽起而筑之。岁则大熟"。人们将灾害与农作物丰收成果相结合来比喻正义得到伸张。

《周书·酒诰》讲述的是周公旦禁酒的事迹，并将商朝灭亡归因于纣王"酗于酒，淫于妇"。商朝规定"祀兹酒"只有祭祀时才能饮酒。"迪小子惟土物爱"，即教导子孙爱惜粮食。"纯其艺黍稷"，即专心致志地种好庄稼。"肇牵车牛，远服贾用"，即努力牵牛赶车，到外地从事贸易。

（三）崇勤尚俭

《虞书·大禹谟》记述了禹辅助舜时二人关于治国理政的一段对话，其中，舜帝在赞扬禹时说："克勤于邦，克俭于家，不自满假，惟汝贤"，即称颂禹能勤劳于国，能节俭于家的美德。《周书·周官》记述了周成王巡视和征讨诸侯回到王都丰邑后，督导整顿官员时的场景，明确倡导勤俭之风。

1. 崇勤的思想

《虞书·益稷》中关于大禹自述治水的描述更为典型。禹说："予思日孜孜。""洪水滔天，浩浩怀山襄陵，下民昏垫。予乘四载，随山刊木，暨益奏庶鲜食。予决九川距四海，浚畎浍距川。暨稷播，奏庶艰食鲜食。懋迁有无，化居。烝民乃粒，万邦作乂"，即禹说："我整天思考的都是如何开展各项工作。洪水淹没民众和农田时，我乘各种交通工具，做交通疏导，猎获鸟兽发放灾民。洪水过后，我领导人民疏通河道和田间沟渠，领导民众播种粮食。丰收之后，领导民众发展贸易，开展社会治理"，禹还说："予创若时，娶于涂山，辛壬癸甲。启呱呱而泣，予弗子，惟荒度土功"，即"我结婚四天就去治水了，孩子生下来后呱呱啼哭，我都顾不上管他，只忙于治水。"舜帝和皋陶听了禹的事迹后深受感动，舜帝因此作歌"敕天之命，惟时惟几"，即倡导时时刻刻永葆勤政勤劳的作风。皋陶也激动地说："念哉！率作兴事，慎乃宪，钦哉！屡省乃成，钦哉！"即要念念不忘勤劳的观念。最后舜帝号召大家"俞，往钦哉！"即"大家都去认真工作吧"，把崇尚勤劳的思想文化观念推向高潮。

《商书·汤诰》中，殷王说道："毋不有功于民，勤力乃事。予乃大罚殛女，毋予怨。古禹、皋陶久劳于外，其有功乎民，民乃有安。东为江，北为济，西为河，南为淮，四渎已修，万民乃有居。后稷降播，农殖百谷。三公咸有功于民，故後有立"，即殷王于三月来到东郊向各诸侯国君讲话，要求各诸侯国君要尽心为民众谋立功业，努力做好自己的事情。否则，就要严加惩办。禹、皋陶为了使百姓定居，长期奔劳于江河治理。后稷为了农业发展，不辞辛苦教导民众播种五谷。正因为这三位古人不辞辛劳都对民众有功，才使得他们的后代能够建国立业。

《商书·盘庚上》说道："若网在纲，有条而不紊；若农服田，力穑乃亦有秋"，说的是干任何事情只有抓住纲要才会有条不紊，就像农民只有努力耕种才会在秋天收获一样，勤劳才有收获。反之，"惰农自安，不昏作劳，不服田亩，越其罔有黍稷。"即懒惰的农民自求安逸，不努力操劳，不从事田间劳动，那就不会有黍稷收获。

而《夏书·五子之歌》则记述了处在尊位的太康因忧于安乐而不理政事，导致民众不服的故事，从反面表现了作者对贪图玩乐的鄙视。"太康尸位，以逸豫灭厥德，黎民咸贰，乃盘游无度，畋于有洛之表，十旬弗反"，即太康处在尊位而不理政事，因喜好安乐丧失君德，使得众民不服，竟至游猎无度，百天不返。这篇是在警告统治者，"训有之，内作色荒，外作禽荒。甘酒嗜音，峻宇雕墙。有一于此，未或不亡"，即统治者一味迷恋女色和游猎玩耍，整天醉生梦死，骄奢淫逸，就是自取灭亡。

《夏书·胤征》记述的是夏朝仲康时，官员羲氏与和氏由于嗜酒成性、不认真履职而引发仲康震怒，令胤侯率兵讨伐的故事。《胤征》就是胤侯出征前向军队发表的讲话。"羲和湎淫，废时乱日，胤往征之"，即由于羲和沉湎淫乱，荒乱政务，故军队接受王命，前往征伐，从侧面表达了对贪图玩乐的抨击。

2. 尚俭的思想

《商书·仲虺之诰》在赞扬成汤时，有"惟王不迩声色，不殖货利"之句，即赞颂成汤不亲近歌舞女色，不聚敛金钱财物的品德。

《商书·盘庚中》说道，"兹予有乱政同位，具乃贝玉。乃祖乃父丕乃告我高后曰：'作丕刑于朕孙！'迪高后丕乃崇降弗祥。"即现在我有乱事的大臣，聚集财物。你们的祖先和父辈于是就会告诉我们的先王说："对我们的子孙用大刑吧！"于是，先王就会重重地降下刑罚，明确反对各级官员聚集财物。《商书·盘庚下》则表明："朕不肩好货，敢恭生生"，告诉各级官员"无总于货宝，生生自庸"，即我不会任用那些贪恋财货的人，而要任用帮助臣民谋生的人，并要求各级官员不要聚敛财富，要致力于为民谋生以立功。

《周书·泰誓》记述的是武王伐纣时向诸侯承诺的誓言，他在历数商纣王的罪行时说道："惟宫室、台榭、陂池、侈服，以残害于尔万姓"，即商纣王嗜酒贪色，建造宫室、台榭、陂池，迷恋于奢侈衣物等，为此不惜残害百姓。该篇明确反对统治者奢侈之风。

《商书·旅獒》讲述的是武王克商之后，有西蕃进贡宝犬，于是召公奭著文提醒武王不要玩物丧志。提出了"玩人丧德，玩物丧志""不贵异物贱用物，民乃足"的思想。

《周书·无逸》明确提出了"君子所其无逸，知稼穑之艰难"的思想观念。"周公曰：'呜呼！君子，所其无逸。先知稼穑之艰难，乃逸，则知小人之依。相小人，厥父母勤劳稼穑，厥子乃不知稼穑之艰难，乃逸，乃谚。既诞，否则侮厥父母曰：昔之人无闻知'"，即周公说："啊！君子居其位，不要贪图安逸。先知道农业的艰辛，就会理解庶民的苦衷。看那些小人，父母辛勤耕种收获，儿子却不知劳作的艰辛，贪图享乐，瞧不起父母，还狂妄地说什么：'你们从前的人没有见识'"。他还列举了殷高宗多年过着平民的劳苦生活的事迹。

三、《管子》中的劳动文化研究

管仲，名夷吾，字仲。约生于公元前 730 年，卒于公元前 645 年。春秋时期颍上人。被齐桓公任用为相和"仲父"，辅佐齐桓公图霸。管仲辅佐齐桓公近 40 年，把一个"地潟卤、人民寡"的齐国治理成春秋时期第一霸主。我们现在看到的《管子》一书是在西汉末年刘向编本基础上，由历代学者校订而成的。虽加入后人，特别是稷下先生的作品，但也保存了管仲和管仲学派的大量著作，基本上反映了管仲和管仲学派的文化特征。

（一）鼓励统治者参加生产劳动

《管子·轻重甲第八十》记载，"今君躬犁垦田，耕发草土，得其谷矣"，即管仲认为，现在君上亲身示范犁田垦地，开发草土，是可以得到粮食的。

（二）肯定劳动者的历史地位

《管子·霸形第二十二》记载，"齐国百姓，公之本也"，即管仲认为百姓是国家的根本。在此基础上，管仲认为"本立则国固"。

《管子·轻重甲第八十》记载："鹄鸱之所在，君请式璧而聘之"，即管仲建议齐桓公，对于有能力射鹄鸱的人才，请君上您送上玉璧去聘请他们。表明方法尊重劳动者，尤其要尊重工匠型人才。

（三）重视农业和农事生产

管仲认为应及时开垦和耕作国家的土地，发展农业，消除荒芜。《管子·霸言第二十三》记载，"地大而不耕，非其地也。"

管仲主张通过发展农业，实现富国强兵。《管子·治国第四十八》记载，"夫富国多粟生于农，故先王贵之""民事农则田垦，田垦则粟多，粟多则国富。国富者兵强，兵强者战胜，战胜者地广"。

管仲提醒封建统治者提高对发展农事重要性的认识。《管子·轻重甲第八十》记载，"一农不耕，民或为之饥；一女不织，民或为之寒。故事再其本，则无卖其子者；事三其本，则衣食足；事四其本，则正籍给；事五其本，则远近通，死得藏"，即农民不耕田，百姓就会挨饿；妇女不织布，百姓就会受冻。农事收益达到成本的两倍，农民就不用卖儿卖女；三倍，则衣食充足；四倍，则赋税有了保证；五倍，则余粮就会远近流通，死人也能得到妥善安葬；主张只有发展耕织农事，兴邦实业，百姓富足才能从根本上解决社会的安定和发展问题。否则，就会"此不待战而内败"，即如果农事不兴，不用战争国家就会从内部垮台。

（四）主张尊重农业生产规律

管仲认为发展农业就要遵循季节规律，这样才能提高粮食产量。《管子·轻重甲第八十》记载："今为国有地牧民者，务在四时，守在仓廪。"《管子·乘马第五》记载，"时之处事精矣，不可藏而舍也。故曰：'今日不为，明日忘货。昔之日已往而不来矣'"。即要按照农时进行农事活动。

四、孔子的劳动文化研究

（一）赞颂劳动品质

《论语·宪问》记载，"南宫适问于孔子曰：'羿善射，奡荡舟，俱不得其死然。禹稷躬稼而有天下'。夫子不答，南宫适出。子曰：'君子哉若人！尚德哉若人！'"从这段话可以看出，孔子对于禹和稷亲自参加农业生产劳动的认可。

孔子十分重视发挥工匠阶层的作用。《中庸》中曾转述孔子的话，"来百工则财用足"。《孔子家语·哀公问政第十七》记载，"孔子曰：凡为天下国家有九经，曰修身也，尊贤也，亲亲也，敬大臣也，体群臣也，子庶民也，柔远人也，怀诸侯也。"这里孔子将"来百工也"作为治理国家的"九经"之一。接下来在分析原因时，孔子指出："来百工则财用足。"在回答哀公"为之奈何？"时，孔子指出"日省月考，既禀称事，所以来百工也"，即建设工匠队伍的办法是，加强监督考核，建立奖励机制，使收入与工作业绩挂钩。除此之外，孔子还强调国家应营造适合工匠队伍成长的社会环境。《论语·子路》记载，"叶公问政。子曰：'近者悦，远者来'"，即建议统治者管理政事时应重视营造良好的政策环境，使国内的劳动者有所保障，使外部的劳动者纷纷来依附。

（二）提倡尊重生产规律

《礼记·中庸》提出"万物并育而不相害，道并行而不相悖"和"致中和，天地位焉，万物育焉"的思想，表达了孔子对于人与自然和谐平衡相处的观点。《礼记·祭义》记载，"断一树，杀一兽，不以其时，非孝也"，这种"不时不食""取物以时"的思想，顺应了农牧业生产规律，将违反时令乱砍滥伐视作不合规矩之举。《论语·述而》提倡的"钓而不纲，弋不射宿"，反映了孔子重视按照农牧业规律进行生产，反对竭泽而渔、覆巢毁卵的违反规律的生产方式。

（三）主张提高劳动者的文化素质

突出表现为孔子有教无类的教育观。孔子主张出身贫贱者同样应有受教育权，并且亲身践行了自己的教育观。他的弟子中有南宫适、司马牛、子贡等来自贵族或富裕家庭的，也有子张、原宪、卜商、冉雍、颜回等来自地位卑贱家庭的，但他都一视同仁。《荀子·法行篇》记载，"南郭惠子问于子贡曰：'夫子之门何其杂也？'子贡曰：'君子正身以俟，欲来者不拒，欲去者不止。夫良医之门多病人，檃栝之侧多枉木，是以杂也'"。这些文字记载说明孔子收徒是不论出身、不论贫富的。

五、墨子的劳动文化研究

墨翟生活的年代约为公元前473年至公元前376年，春秋末年战国初年鲁国人，是当时的能工巧匠。墨翟的思想学说记载于《墨子》一书中，表达了当时下层劳动者，尤其是农民和手工业者的呼声。

（一）崇尚生产劳动

墨翟崇尚劳动，主张通过节约劳动力和劳动时间来发展生产，增加社会财富。

《墨子·非乐》指出了王公大人欣赏音乐时，首先，就要占用劳力来演奏音乐。由于演奏音乐不能用那些年老和反应迟钝的人，"将必使当年，因其耳目之聪明，股肱之毕强，声之和调，眉之转朴"，但如果用年轻人演奏音乐，"使丈夫为之，废丈夫耕稼树艺之时；使妇人为之，废妇人纺绩织纴之事"，即都会占用青壮年劳动力，耽误生产劳动。其次，欣赏音乐也会占用劳动力。它指出："与君子听之，废君子听治；与贱人听之，废贱人之从事。"可见，担心影响生产劳动是墨翟主张"非乐"的重要原因。

在《墨子·节用》中，墨翟也是从增加劳动力的角度来论证节约费用的必要性的。一是统治阶级奢侈浪费导致生育不足。墨翟指出，"昔者圣王为法，曰：'丈夫年二十，毋敢不处家；女子年十五，毋敢不事人。'此圣王之法也。圣王既没，于民次也，其欲蚤处家者，有所二十年处家；其欲晚处家者，有所四十年处家。以其蚤与其晚相践，后圣王之法十年，若纯三年而字，子生可以二三年矣。

此不惟使民蚤处家，而可以倍与？且不然已！""且大人惟毋兴师，以攻伐邻国，久者终年，速者数月，男女久不相见，此所以寡人之道也"。二是统治阶级奢侈浪费导致成年劳动力的净减少。墨翟指出，"今天下为政者，其所以寡人之道多。其使民劳，其籍敛厚，民财不足、冻饿死者，不可胜数也"，以及"与居处不安，饮食不时，作疾病死者，有与侵就橐，攻城野战死者，不可胜数"。

墨翟一贯主张崇尚劳动，他反对孔子的"吾从周"，提出"背周道而用夏政"。他推崇辛勤治水的夏禹，赞颂夏禹"兴天下之利，除天下之害""日夜不休，以自苦为极"的劳动作风。这与其奉行"饥者得食，寒者得衣，老者得息"的小民众生产者的价值观有密切联系。

（二）呼吁改善劳动者的生活

墨翟认为封建统治者夺取百姓"衣食"是不可取的。他通过说古比今，劝告统治者不要给人民增加过多负担。墨翟剖析了百姓苦难的原因，指出封建统治者的严酷剥削就是民众困苦的根源。墨翟呼吁封建统治阶级多做有利于改善百姓生活的事情。

第二节　马克思主义劳动文化理论

一、马克思主义论劳动

（一）劳动观点是马克思主义唯物史观的基本点和立足点

1.劳动创造了人

马克思认为劳动的主要含义是指人类通过改造自然使之适合自己的需要，同时在改造自然的过程中改造自身。世界历史不外是在人的劳动过程中诞生的。

马克思主义认为劳动在从猿到人的转变过程中起着决定性作用。人类祖先是一种生活在森林中的古猿，与自然界其他动物一样，受本能所驱使靠适应和利用自然界来活动，不懂得制造工作。在中新世，由于地质和气候条件变化，古猿不得不由树栖转到地面生活。新的环境和生活条件使古猿的后肢渐渐变为专门用来直立行走的器官，随着后肢的解放，前肢渐渐变成利用现成工具获取生活资料的器官，这是古猿从动物本能活动过渡到人类劳动过程中的一个重要的中间环节。随着古猿前后肢一步分化，前肢逐渐进化为更具灵活性和精准性的手。直立行走和手脚分工促进了古猿身心的进化，脑髓的发展以及由此带来的视听能力提高促进了脑组织的复杂化，在这个过程中劳动促进了成员间的协作和交流。于是出现了最初的语言和思维，由利用现成工具发展到制造工具，由本能式的劳动演化为真正的劳动。大约在300万年前，正式诞生了人和人类社会。

马克思认为劳动最终使人类从动物中脱离出来，劳动创造了人。人与动物的区别在于人通过劳动创造了自身。在马克思看来，动物和自己的生命活动是直接同一的。将人类与动物相区别的，不是理性而是劳动。动物不把自己同自己的生命活动区别开来，它就是自己的生命活动。人则使自己的生命活动本身变成自己意志和意识的对象。

2. 劳动是人的根本属性

马克思认为人是劳动的动物，劳动是人的根本属性，是人的特质。实践作为人的存在方式，与人的需要和社会关系一起决定了人的本质。其中，实践活动是内容，社会关系是形式，人的需要是动力。马克思认为自由的有意识的劳动实践作为人的本质，从根本上把人和动物区别开来。人不仅能按照他所属的那个种的尺度和需要进行生产，还能懂得按照任何一个种的尺度来进行生产。这是人的劳动实践活动与动物本能活动的根本差别。有意识的劳动正是人的自由自觉本质的直接体现。

实践是人的本质力量的确证。实践是有目的、有计划的活动，人的实践包含着对外界自然限制的突破和对自我的超越，体现着主体自身的价值取向。在人的实践中，人的本质力量以直观方式呈现出来。工业的历史和在此过程中已经生成的对象性的存在，是一本打开了的关于人的本质力量的书。

人和人的本质的自我丰富和完善，只有在实践活动中才有发展的必然性和可能性。因为实践活动是现实的人生存的第一活动，作为一个现实的人，他首先面对的就是如何解决其吃、穿、住、行等基本生存问题。当最基本的生存需要得到满足之后，他才会产生新的更高的需要。人本身的生存和发展不断推动着人与自然和人与人之间矛盾的解决。人类在实践活动中，在不断改造外部世界的同时，也不断地改造自我，不断向着自由、全面的人发展。

3. 劳动创造了人类历史

马克思认为整个世界历史不外是人通过人的劳动而诞生的过程。他在《1844年经济学哲学手稿》中曾经指出："整个所谓世界历史就是人通过人的劳动而自我产生的过程。"恩格斯在《路德维希·费尔巴哈和德国古典哲学的终结》一文中指出，马克思主义是从劳动发展史中找到理解全部社会史的锁钥。劳动是人的自然因素、社会因素和精神因素的统一。在从猿到人的进化过程中，劳动是决定性因素。在劳动过程中，人形成和发展了劳动机能，具有了劳动能力；在劳动过程中，人学会了制造生产工具，并通过使用生产工具开展劳动；在劳动过程中，人通过创造精神财富和物质财富满足自身生存、发展和繁衍的需要；在劳动过程中，人形成了一定的社会关系，形成了人的文化。

（二）马克思主义关于劳动的分类

1. 简单劳动和复杂劳动

马克思主义把劳动分为简单劳动和复杂劳动。所谓简单劳动即每个没有任何专长的普通人的机体平均具有的简单劳动力的支出，而比较复杂的劳动只是自乘的，或称为多倍的简单劳动。比社会平均劳动较高级较复杂的劳动，其劳动力比普通劳动力需要较高的教育费用，它的生产要花费较多的劳动时间，因此它具有较高的价值。

马克思、恩格斯在《德意志意识形态》一书中说："我们首先应该确定一切人类生存的第一个前提，也就是一切历史的第一个前提，这个前提就是：人们为了能够'创造历史'必须能够生活。但是为了生活，首先就需要衣食住以及其他东西。因此，第一个历史活动就是生产满足这些需要的资料，即生产物质生活本身。同时这也是人们仅仅为了能够生活就必须每日每时都要进行（现在也和几千年前一样）的一种历史活动，即一切历史的一种基本条件。"马克思正是从这里出发，发展和形成了生产力和生产关系、经济基础和上层建筑、社会存在和社会意识以及人类解放的完整学说。

2. 体力劳动和脑力劳动

简单劳动，我们通常又称之为体力劳动。而"比普通劳动力需要较高的教育费用，它的生产要花费较多的劳动时间，因此，它是具有较高的价值"的复杂劳动，我们通常称之为脑力劳动。

脑力劳动和体力劳动的分工是人类劳动发展到一定阶段出现的。在生产力水平十分低下的原始社会，由于共同体内部不能提供剩余产品，有劳动能力的人都要参加沉重的体力劳动，还没有产生专门从事脑力劳动的人。随着生产力水平的提高，同一共同体内部产生了剩余产品，就逐渐形成了从事单纯体力劳动的群众同管理劳动、经营商业和掌握政权以及后来从事艺术和科学的少数人群之间的大分工。这种分工最简单的完全自发的形式，正是奴隶制。从此，脑力劳动从体力劳动中分离出来。自此，知识分子得以专门从事科学文化艺术等领域的脑力劳动。在资本主义阶段，随着生产规模的扩大，对过程劳动的管理、监督和调节成为劳动得以实现的必要条件。负责管理、监督和调节职能的群体，摆脱了体力劳动，成为主要靠脑力劳动的社会阶层。随着资本主义的发展，机器大工业把科学技术融入生产过程，导致从事科学技术研发和生产管理的人员从直接生产活动中分离出来，实现了脑力劳动与体力劳动的分离。体力劳动与脑力劳动的分离，大大提高了劳动生产力，并为科学和知识的发展创造了条件。随着生产力的发展和社会的进步，生产过程中的体力劳动逐渐被机器代替，特别是随着信息技术和人工智能的发展，体力劳动与脑力劳动结合得越来越紧密，同时脑力劳动将逐渐成为生产过程和社会生活中的主要活动，对促进生产力发展发挥着越来越大的作用。发展到了共产主义社会，随着生产力的高度发展和社会成员综合素质的全面发展，脑力劳动与体力劳动的分离将最终消失。

3. 具体劳动和抽象劳动

马克思主义把生产商品的劳动分为具体劳动和抽象劳动。一切劳动，从一方面看，是人类劳动力在生理学意义上的耗费，作为相同的或抽象的人类劳动，它形成商品价值；一切劳动，从另一方面看，是人类劳动力在特殊的有一定目的的形式上的耗费，作为具体的有用劳动，它的生产使用价值和具体劳动各不相同，具有质的差别。

　　具体劳动和抽象劳动是生产商品的同一劳动的两个方面，其中，具体劳动创造商品的使用价值，但不是使用价值的唯一源泉，它与自然物质共同构成使用价值的源泉。性质不同的具体劳动生产性质不同的使用价值，它表明的是怎样劳动和什么劳动的问题。抽象劳动作为撇开劳动具体形式的无差别人类一般劳动，没有质的差别，只有量的差别，是价值的源泉。但抽象劳动不等于价值，只有当抽象劳动凝结到商品中才能形成价值。性质相同的抽象劳动形成性质相同的价值，它表明的是劳动多少和劳动时间多长的问题。

　　4.异化劳动和自由劳动

　　一般来说，在各个历史时期，劳动人民都要通过劳动来生产和制造生活及生产所需要的物质财富和劳动产品，以满足自身生存发展和社会生产进步的需要。但是每个历史时期都有其特有的劳动形式，劳动人民正是通过不断改进和创新劳动形式，推动了人类社会不断进步。同时，在各个不同历史时期，由于生产关系的不同，也决定了劳动的目的和劳动的意义存在着原则性的差别。

　　马克思在《1844年经济学哲学手稿》中，首次提出异化劳动的概念。它主要指私有制条件下劳动者同他的劳动产品及劳动本身的关系。马克思认为劳动在私有制条件下发生了异化，即人的物质生产与精神生产及其产品变成异己力量，反过来统治人。在资本主义社会中表现为资本奴役劳动、物统治人。在异化劳动中，劳动者遭到异己的物质力量或精神力量的奴役，致使其劳动积极性和能动性丧失，导致劳动者的个性不能全面发展。

　　马克思通过"政治经济学批判"，阐明和论证了从"异化劳动"到"自由劳动"的思想。马克思认为自由劳动是人以自身的活动为中介、调整和控制人和自然之间的物质变换的过程，是人的自由自觉的本质力量的客观显现。马克思通过揭示异化劳动的本质和内涵，指出通过劳动者的"联合劳动"来扬弃异化劳动，进而获得人的彻底解放。在"联合劳动"中，劳动成为人的"第一需要"。在劳动已经不仅仅是谋生的手段，而成了生活的第一需要之后，个人获得了自由而全面的发展。

　　目前，我国处于社会主义初级阶段，要调动人们的劳动积极性，需要重点做好以下几个方面的工作：

一是加强劳动平台建设。我国《劳动法》规定："国家采取各种措施，促进劳动就业"。改革开放以来，我国各项事业发展迅速，为有劳动能力的人提供了各式各样的劳动平台。但在现实生活中，一些劳动者由于缺乏劳动平台，致使其劳动价值得不到充分发挥和体现的现象也是存在的。这固然有劳动能力等多方面的原因，但工作平台的缺乏导致选择的机会不足也是一个不容忽视的原因。为此，应进一步加强劳动平台建设，尤其是按照《劳动法》的规定，创造就业条件，扩大就业机会，以及为劳动者自愿组织就业和从事个体经营实现就业创造更好的政策环境，为劳动者充分发挥工作积极性和劳动贡献率创造更好的条件。

二是加强劳动者劳动能力建设。我国《劳动法》规定："国家发展职业教育，开展职业培训，开发劳动者的职业技能，提高劳动者素质，增强劳动者的就业能力和工作能力。"各级政府和企事业单位都应切实加强教育和培训，提高劳动者素质，特别是加强技术技能教育和职业培训，提高劳动者在不同的劳动平台上工作的适应性，提高劳动积极性和劳动效率，使每个劳动者在不同岗位上尽可能地发挥和显现自身价值。

三是加强就业创新。通过创新就业工作，使合适的人在合适的岗位工作，提升人岗的适配度，使劳动者更加顺畅地自由选择职业，使劳动者的能力、爱好与岗位、平台相适应，尽量避免劳动者从事不热爱或不适合的劳动岗位。

四是加强社会分配机制改革，建立更加公平的社会分配激励机制，通过改革、创新分配机制使每一个劳动者都能通过劳动体现自身价值。尤其是使基层一线的劳动者通过劳动付出得到相应的回报，提高普通劳动者的劳动积极性、公平感和满意度，尤其是要防止和避免由于分配不公导致人分贵贱和非法劳动等不良现象的滋生。

五是避免无效劳动。人们要克服官僚主义、形式主义导致的无效劳动，要尽量避免或减少无效劳动，防止挫伤人们的劳动积极性。

六是加强劳动纪律，提高劳动效率。人们要提倡严谨细致的工作作风和精益求精的工匠精神，克服自由散漫的不良作风和中庸之道。以高效率的劳动增进劳动者福利，改进劳动者休假制度，形成劳动与生息的良性循环。

5. 生产劳动与非生产劳动

按照劳动的自然形态，人们可将劳动分为生产劳动与非生产劳动。生产劳动是指创造物质财富的劳动。如工业劳动创造工业产品，农业劳动创造农副产品，建筑业创造各类建筑物等。非生产劳动是指不创造物质财富的劳动。如科学家发现科学真理、工程师发明先进技术、教师培养人才、医生治病救人、文艺工作者为人民带来精神食粮，这些都属于非生产劳动。

从事生产劳动的劳动者，往往更能切身体会到劳作的辛苦和不易，享受收获劳动果实的喜悦和欢乐，对劳动抱有真挚的热爱和深厚的情感。他们往往更能在劳动过程中体会到自然之美、力量之美、创造之美，从而更加深刻地感受到自身的成长和进步，对劳动行为充满自豪和自信，对劳动有着更加深刻的眷恋。尤其是对集体劳动中蕴含的团结友爱、互帮互助的社会关系抱有更加深厚的情感，对劳动集体呈现的力量和前途抱有更加坚定的信念和向往。他们往往是劳动者群体中更朴实、更真挚、更美好的化身，更加具有发展前途。

生产劳动体现生产关系的本质。生产劳动是指体现特定社会生产关系本质的劳动。例如，在原始社会，由于生产力水平低下，人们在生产劳动中结成原始的平等互助关系，具体表现为仅有的一些简单的生产资料归部落集体所有，人们共同狩猎、采集食物，平均分配消费品。在奴隶社会，人们的生产经验和劳动技能较原始社会有了明显提高，随着金属工具的广泛使用，劳动对象的范围日益扩大，农业、畜牧业、手工业等社会分工进一步发展，劳动产品出现剩余，奴隶主阶级占有生产资料并完全占有奴隶，毫无人身自由的奴隶完全在奴隶主强制下进行劳动，劳动产品全部归奴隶主占有和支配，奴隶只能从奴隶主那里得到最低限度的生活资料。在封建社会，随着生产的发展和科学技术的进步，金属采掘、冶炼和制造技能显著提高，耕作技术的显著改进，尤其是冶铁技术的发展和铁制农具的广泛使用，使劳动对象范围不断扩大，地主占有大部分土地并通过地租和高利贷等剥削方式占有农民大部分劳动成果。农民通过租种地主的土地进行生产劳动，虽然可留一点劳动成果归自己支配，处境有所改善，但仍然存在人身依附关系，没有真正的人身自由。在资本主义社会，实现了机器大工业和社会化大生产，生产工艺、技术水平和劳动生产率极大提高。资产阶级在它不到一百年的阶级统治中所创造的生产力，比过去一切世代创造的全部生产力总和还要多。资本家占有生产资料并无偿占有工人在剩余劳动时间内所创造的全部剩余价值。生产剩余价值是资本主义生产的目的、动机和实质。正如马克思指出的那样，剩余价值的生产是资本主义生产的直接目的和决定性动机。在资本主义社会，只有生产剩余价值的劳动才被看作生产劳动。

在社会主义社会，以社会化大生产为基础，生产力水平总体上显著提高，社会生产能力在很多方面进入世界前列，为了解决生产力发展不平衡和不充分的问题，根据马克思主义关于生产力决定生产关系的原理，在生产关系上实行以公有制为主体、多种所有制经济共同发展的基本经济制度，进而在分配上实行以按劳分配为主体、多种分配方式并存的分配制度。人们在生产中的关系表现为劳动者的互助合作关系，生产的目的是满足人民日益增长的美好生活需要。

二、马克思主义论生产劳动

（一）生产劳动的含义

生产劳动与非生产劳动相区别。人们一般按劳动的自然形态对二者加以区分，前者指创造物质财富的劳动类型，如第一产业和第二产业等劳动类型，后者主要指第三产业的劳动类型。

在马克思的劳动价值论中，按劳动的社会形态对生产劳动与非生产劳动进行了区分。前者指体现特定社会生产关系本质的劳动，在资本主义社会中，即能为资本家创造剩余价值的劳动；后者指只创造使用价值的劳动。生产劳动是唯物史观的基本范畴，是劳动价值论的立论基础。马克思以生产劳动为依托，系统探讨了劳动过程、劳动力、劳动的实现形态、劳动的协同方式，从实践的角度对劳动的历史发展进行了考察，并借以深化了对实践过程的理解。

（二）生产劳动是劳动的典型方式

在古典经济学中，亚当·斯密提出了劳动价值论，他从把劳动当作实现资本增值手段的角度出发，将劳动区分为"生产性劳动"和"非生产性劳动"。他认为：有一种劳动，加在物上，能增加物的价值；而另一种劳动，却不能够。前者因可增加生产价值，可称为生产性劳动，后者可称为非生产性劳动。马克思超越和扬弃了斯密仅仅站在劳动为资本家创造财富的立场而发出的观点，认为劳动过程包括劳动者、劳动资料、劳动对象三个要素，其中，劳动资料和劳动对象统称为生产资料。因此，劳动也常称之为生产劳动。

马克思认为工业和生产的历史是一本打开人的本质力量的书。在马克思主义哲学实践观中，实践作为人类特有的对象性感性活动，主要包括生产实践和生活实践，其中的生产实践是满足人类生存需要的首要实践，是劳动的典型方式。当然，马克思所讲的生产是全面的生产，既包括物质生产，也包括精神生产，还包括社会关系的生产，也包括人自身的生产。

三、马克思主义论社会劳动

（一）劳动对社会关系的依赖性

马克思主义认为，现实的劳动都是在一定的社会关系当中进行的。劳动过程不能仅仅作为人与自然之间的过程来考察，而要考虑它的各种历史形式。如果仅仅从解决人与自然之间的矛盾的过程来考察，劳动过程只是纯粹个人的劳动过程，在这一劳动过程中，同一劳动者自己承担了劳动过程中的所有职能，自己生产出产品用以满足其自身需要。然而，这种自己支配自己、脱离社会的纯粹个人的劳动过程在现实中是不可能存在的。人们在生产中不仅仅影响自然界，而且也相互影响。他们只有以一定的方式共同活动和互相交换其活动，人们便产生一定的联系和关系；只有在这样的社会联系和社会关系的范围内，他们才会对自然界产生影响，才能进行生产才会有生产。

（二）劳动是特定社会关系的表现

劳动的发展是社会生产力与生产关系相互作用的结果，当生产力发展到一定阶段，原先与之相适应的生产关系便成了生产力发展的桎梏。生产力作为最活跃、最具革命性的因素会打破这个桎梏，通过推动生产关系变革产生新的更高形式的生产关系。这时，劳动的性质和形式也随之发生变化。从本质上来说，劳动是一种社会关系的表现。

在资本主义生产关系条件下，社会劳动是商品生产中劳动所具有的社会性质，与私人劳动是具有矛盾关系。劳动产品直接表现为私人劳动，但社会分工又使商品生产者互相依赖，商品生产的目的是用来交换，商品出售后表现为社会劳动。

（三）社会劳动体现人的本质力量

1. 人的本质是社会劳动

在《1844年经济学哲学手稿》中，马克思指出"一个种的全部特性、种的类特性就在于生命活动的性质，而人的类特性恰恰就是自由的自觉的活动"，即人的本质是"自由自觉"的"生命活动"，而人的这种"自由自觉"的"生命活动"必然是一种社会劳动。这是因为，马克思主义认为劳动创造了人，但这种劳动不是孤立的个人的抽象的劳动，而是结成一定社会关系的人们的社会性劳动，正是社会劳动推动了人类自身本质力量的实现。同时，马克思历来反对将人理解为"离群索居"的抽象的人，这种考察方法不是没有前提的，它从现实的前提出发，并离不开这种前提。它的前提是人，但不是处在某种虚幻的离群索居和固定不变状态中的人，而是处在现实的、可以通过经验观察得到、在一定条件下进行的发展过程中的人，也就是说，人作为社会的人，人的劳动具有社会性。

2. 人的本质是社会关系的总和

在1845年出版的《关于费尔巴哈的提纲》中，马克思指出，"人的本质不是单个人所固有的抽象物，在其现实性上，它是一切社会关系的总和"，即人作为社会的和历史的人，他的劳动体现的是人与人之间的社会关系，这种社会关系也决定了人的本质。同时，人只有处在一定的社会关系之中，才能把集体智慧和社会力量内化到自身，才能获得自身的本质。

3. 人的需要是人的本质

在1846年出版的《德意志意识形态》中，马克思指出："他们的需要即他们的本性。"人为了满足自身需要进行劳动，马克思主义认为，人类的这种劳动是组织起来的社会人在一定的社会关系中运用一定的生产工具进行的有目的、有计划、自觉的改造自然的活动，正是人的这种能动地改造世界的现实的、感性的社会劳动体现了人的本质力量。

第三节　劳动文化在我国的发展历史

一、中国历史上深厚的劳动文化传统

（一）中国古代的劳动文化传统

1. 原始社会劳动文化的发轫

在原始社会，人们为了生存必须进行群体性生产劳动。为了提高劳动的有效性，就必须制造劳动工具。例如，作为古代诗歌起源的原始歌谣《弹歌》，就描写了原始社会人们制造狩猎工具的方法。"断竹、续竹、飞土、逐肉"，表现了原始社会狩猎生活的情景。"断竹、续竹"说的是"弹"的生产制作过程，即先将竹竿截断，然后用弦将竹竿两头连接制成弹弓。"飞土、逐肉"说的是用弹弓将弹丸射出，击中并追逐猎物。该民歌简洁质朴，语句整齐，韵律和谐，可谓是原始社会劳动文化的代表之作。

尽管当时的劳动工具简陋粗糙，但对当时的人来讲，它属于具有知识和技能含量的复杂劳动资料，为了把制造和使用劳动工具的知识和技能传授给年轻人，教育活动就应运而生了。可以说，教育一开始就是劳动的产物。

在氏族公社的教育中，获取吃、穿、住等方面的基本生活资料是生活的主要方面，所以关于生产劳动的知识和技能成为教育的主要内容。氏族公社时期，人们已经具有了较为丰富的劳动经验，劳动工具有了显著的改进——石器的制造过程中使用了磨制技术，骨器的制造过程中使用了刮削和刮挖技术。原始人类还在生产和生活中发明了"钻燧取火"技术、渔猎技术、农耕种植技术、粮食加工技术、农具制造技术、纺织技术、制陶技术等，这些都是当时教育的主要内容。

随着社会生产力的发展，古代中国开始出现学校。学校教育出现以后，特别是随着阶级的分化和国家的产生，统治阶级为了巩固统治地位，礼、乐、射、御、书、数成为教学的主要内容。但由于生产力是最活跃、最革命的因素，所以人们对生产、生活的需要一刻也没有停止。而劳动教育和劳动文化随着社会政治生活的变迁，虽然以不同姿态，时而昂扬、时而低调地进行，但一刻也没有停止过。

一般认为，类似学校的教育场所在原始社会末期就产生了。据典籍记载，当时的学校称为"成均"和"庠"。

"成均"相传为"五帝"时期的学校。《周礼·春官·大司乐》记载，"大司乐掌成均之法，以治建国之学政，而合国之子弟焉。"《礼记·文王世子》记载，"三而一有焉，乃进其等，以其序，谓之郊人，远之，於成均，以及取爵於上尊也。"《春秋繁露》记载，"成均：均为五帝之学。"

"庠"一般被认为是虞舜时代的学校。《礼记·王制》记载："有虞氏养国老于上庠，养庶老于下庠；夏后氏养国老于东序，养庶老于西序；殷人养国老于右学，养庶老于左学；周人养国老于东胶，养庶老于虞庠。虞庠在国之西郊。"《三礼义宗》记载，"虞氏之学名庠。"关于"庠"的含义，孟子解释为："庠者，养也。"即培养人的地方。东汉郑玄注："皆学名也。异者，四代相变耳。或上西，或上东；或贵在国，或贵在郊。上庠、右学，大学也，在西郊；下庠、左学，小学也，在国中王宫之东。东序、东胶亦大学，在国中王宫之东；西序、虞庠亦小学也，西序在西郊，周立小学于西郊。胶之言纠也，庠之言养也。周之小学为有虞氏之庠制，是以名庠云。其立乡学亦如之。"《礼记·明堂位》记载，"米廪，有虞氏之庠也。"意思是说周代鲁国的学校起始于虞舜时代。《文王世子》记载，"'书在上庠。'此大学之虞庠也"。

这一时期的教育具有直接为生产、生活服务和与生产、生活实践相融合的特点，教育内容除了礼乐外，主要是生产知识，包括农业技术、天文水利、采矿、冶炼、金属工具制作、养蚕织布、舟车制作、文字、历法等。伴随着生产知识的学习和传承，劳动文化的种子开始在各种教育场所萌发。

2. 奴隶社会的劳动文化传统

随着生产的发展，劳动产品有了剩余，农业和手工业开始分化，私有制的产生和进一步发展使得阶级的分化日益加深，氏族公社制度逐渐转变为部落联盟，古代中国社会也由原始社会进入奴隶社会。

大约在公元前21世纪，夏王朝作为一个部落联盟形式的国家正式建立，我国由此进入奴隶社会。根据《尚书·禹贡》记载，大禹治水成功后，将天下分作冀、兖、青、徐、豫、扬、荆、梁、雍九州，并铸造九鼎作为国家权力的象征。

在生产劳动和教育的推动下，夏王朝的语言文字、数学、天文学在当时得到较大发展。考古发现，夏王朝时期已经有了由三个偏旁构成的复体字"旦""夏书"的诞生也充分说明夏代已进入了有文字记载的文明时代。夏朝的末代几个皇帝孔甲、胤甲、履癸等的名字，证明当时已用十个天干（甲乙丙丁……）作为序数。反映夏代天文历法知识的《夏小正》一书，用"昏中星"和"旦中星"以及北斗斗柄所指方向的变化作为一年十二个月的标志，和《尚书·尧典》相比有了新的发展。

在学校教育方面，为巩固统治地位，统治阶级开始以国家机构为载体设置学校和教育制度。

夏王朝的学校有庠、序、校等称谓。郑玄注的《仪礼》记载，"夏后氏之学在上庠。"《礼记·王制》记载，"夏后氏养国老于东序，养庶老于西序。"《孟子·滕文公上》记载，"校者，教也；序者，射也"。《孟子·滕文公上》记载，"夏曰校，殷曰序，周曰庠。"朱熹注释道："庠以养老为义，校以教民为义，序以习射为义，皆乡学也。"[①]

夏王朝作为中华大地上第一个阶级社会，王朝的统治者为了镇压本部族奴隶的反抗和征服其他部族，"为政尚武"，为了与此相适应，逐步将教育的目标转移到培养武士上来。《文献通考·学校考》记载，"夏后氏以射造士。"说明夏代的学校教育以习射为主。同时，为了占领和巩固意识形态阵地，夏王朝重视宗教和人伦道德教育。《礼记·表记》记载，"夏道遵命，事鬼敬神而远之。"《孟子·滕文公上》记载，"设为庠序学校以教之；庠者养也，校者教也，序者射也；夏曰校，殷曰序，周曰庠，学则三代共之：皆所以明人伦也。人伦明于上，小民亲于下。有王者起，必来取法，是为王者师也。"朱熹注释道："父子有亲，君臣有义，夫妇有别，长幼有序，朋友有信。此人之大伦也。庠序学校，皆所以明此而已。"[②]

商代在手工业技术以及与农业生产劳动密切相关的天文历法等领域取得了很

---

① 顾明远. 教育大辞典 9：中国古代教育史下 [M]. 上海：上海教育出版社，1992.

② 崇贤书院.《孟子》200 句 [M]. 北京：文化艺术出版社，2018.

大进步。

商代以青铜器著称，商代晚期制作的"后母戊大方鼎"蕴含着很高的制作技术。根据河南郑州商城城外发现的手工业作坊遗址推断发现，当时已经出现青铜器、陶器、骨器、建筑等业态，说明当时各种手工业已经有了明显的行业分工并逐渐趋于专门化。

商代制陶业较为发达，商代陶器包括泥质灰陶、夹砂灰陶、泥质红陶和黑陶。商代晚期，白陶得到了高度发展。其中，刻纹白陶体现了陶器烧制的最高水平。商代以后，刻纹白陶就再无人继续烧制。

商代后期的纺织手工业也得到很大发展，这一点从甲骨文的文字中可见一斑。甲骨文字中有桑、丝、帛等文字，从衣、从巾、从网、从丝的文字有数十个。

商代的建筑手工业得到很大发展。《周礼·考工记·匠人》记载，"殷人重屋，堂修七寻，堂崇三尺，四阿重屋。""四阿重屋"即"宫室崇楼，说明建筑富丽豪华"。《文选·京都赋》记载，"殷纣作琼室，立玉门。"

与农业密切相关的天文学也取得显著进步。在殷商甲骨卜辞中，一块武乙时期的牛胛骨上刻画着六十组干支，据此一般认为，殷代用干支记日、数字记月。大月三十日，小月二十九日。闰月置于年终，称为十三月。甲骨卜辞中还有日食、月食和新星纪事。如"癸酉贞：日夕有食，佳若？癸酉贞：日夕有食，非若？""旬壬申夕月有食""七日己巳夕，有新大星并火"。

学校教育方面，商代的学校有庠、序、学、瞽宗等。据《礼记·王制》记载，"殷人养国老于右学，养庶老于左学。"注云："右学为大学，在西郊；左学为小学，在国中王宫之东。"商代的学校除庠、序外，增加了学和瞽宗。"学"即学习文化知识的地方，"瞽宗"即学习礼乐的地方，学校的形式逐渐趋于完备。

西周是中国奴隶制社会的鼎盛时期，《尚书·周书》内的《金縢》《梓材》《康诰》《洛诰》《无逸》等，都描述了当时农业生产和人们劳动的情景。由于当时农业、手工业的不断发展，社会在农耕技术、手工业制造技术方面取得显著成就，劳动文化则伴随着社会生产的发展不断丰富发展。

农业技术方面，首先是作物种类得到扩展，已从商代的六七种发展到十五种，主要品种有黍、稷、麦、菽、稻等。其次是灌溉技术的发展。《诗经·大雅·泂酌》

记载，"挹彼注兹，可以濯溉。"说明当时的人们已经开始人工灌溉。三是耕作方式和农具的进步。《考工记》记载，"匠人为沟洫，耜广五寸，二耜为耦"；《周礼·地官·里宰》记载，"合耦于锄"。也就是说，为提高劳动效率，周代采用两人合耕的方式；而农具方面，周代已到了木与金属的复合工具阶段。如《周颂·载芟》记载，"有略其耜，俶载南亩，播厥百谷。"《周颂·良耜》记载，"畟畟良耜，俶载南亩。"《周颂·大田》记载，"以我覃耜，俶载南亩。"其中，耜就是木与金属的复合工具。《周礼·地官·大司徒》记载，"辨十有二壤之物，而知其种，以教稼穑树蓺"，即大司徒的职责包括辨别十二种土壤宜种植的作物，同时知道其所适宜的品种，以教百姓种植谷物和果树。可见，农业生产技术的推广应用也是生产生活以及教育的重点。

手工业方面，西周实行"工商食官"制度，即实行官营手工业制度。周王室和诸侯都管理着各种手工业作坊，手工业作坊的生产者称为百工，均为具有一定技艺水平的工匠。由于官营手工业的发展和"百工"阶层的形成，对技能技艺的探索和传承在民间得到很大发展，进而出现了艺徒制的萌芽。金文的《令彝》记载，"明公朝至于成周，出令，舍三事令，及卿事寮，及诸尹，及里君，及百工，及诸侯。"当时的手工业者作为一个庞大的产业阶层，使得手工业制作技术得以发展和传承。一是金属手工业得到进一步的发展，铁质农具得到了广泛使用。当时的劳动工具有耜、犁、斧、锹、镰刀、锄头等，金属工具得到广泛使用。二是瓷器手工业得到进一步发展。如北方张家坡遗址发掘出的瓷豆、瓷罐，安徽屯溪两个西周墓发掘出的釉陶碗、豆、尊等著名的"原始瓷器"。三是纺织业得到进一步发展。西周时的纺织业主要是麻纺织和丝纺织。郑玄所作的《毛诗笺》记载，"褐，毛布也。"《诗经·小雅·巷伯》记载，"萋兮斐兮，成是贝锦。"形成了"男耕女织"的传统业态。四是其他手工业的发展。如，玉、石、骨、角、竹等手工业技术在这时均有所发展。

学校教育方面，统治阶级为了适应分封制和井田制等宗法制度的需要，建立起一套政教合一的官学体制。在周天子所在地和诸侯国分别设有国学与乡学，其中，国学分为大学和小学，这是为贵族设立的。唐代柳宗元的《四门助教厅壁记》中记载，"周人置虞庠于四郊，以养国老、教胄子。"乡学是地方学校，其设置依据地方行政建制而定，闾有塾，党有庠，术有序，乡有校。

西周时期，学校教育的教学内容主要是礼、乐、射、御、书、数，统称为"六艺"。书、数统称为"小艺"，侧重于知识传授，主要在小学阶段学习。《玉海》卷一百一十一《学校》记载，"周之小学为有虞氏之庠制"。礼、乐、射、御统称为"大艺"，其中，礼、乐侧重于伦理道德教育，射、御主要是作战技能训练，主要在大学阶段学习。学校教育中以"六艺"为主导致后来的学校教育逐渐与培养"农、工商"人才的培养目标分道扬镳，把学校教育逐渐引向了以培养"士"为目标的发展道路。自此，劳动教育和劳动文化开始远离学校，却在社会各劳动阶层当中不断发展壮大。

春秋战国时期，百家争鸣。许多主流意识形态都积极肯定劳动技能对社会进步的作用。例如，庄子的《庖丁解牛》一文，将庖丁宰牛的动作纯熟之美与舞蹈的节拍美和音乐的节奏美符合，用"踌躇满志"来形容技能型人才和一线劳动者的自尊和自信。庄子还在《运斤如风》中，运用美学式的夸张笔调，称赞工匠石运用斧头的高超技能。庄子视劳动为美、视贡献社会者为美的思想还集中反映在他的《瓮盎大瘿说齐桓公》中。在这则寓言故事中，庄子称赞一个游说卫灵公的畸人之美，并且认为与这个有道德的畸人相比，正常人则显得相形见绌。韩非子在寓言《守株待兔》中，对迷恋不劳而获的人进行了嘲笑和抨击。战国时期的《山海经》一书，其中，《夸父逐日》《精卫填海》《女娲补天》等都赞扬了劳动和劳动精神。

3. 封建社会的劳动文化及经济政策

秦始皇统一中国后的十几年中，由于要维持一支庞大的军队，他建立了一个庞大的官僚机构，进行了多次的大规模战争，完成了巨大的国防建设和土木建筑，大大加重了劳动人民的负担。到了秦二世时期，以"税民深者为明吏"，以"杀人众者为忠臣"[①]。这就导致农民生活更加悲惨，穿牛马之衣，吃犬彘之食，常常在暴吏酷刑的逼迫下逃亡山林，使得劳动生产受到极大影响。

西汉初年，奉行重农抑商政策，农业生产在一定程度上得到恢复，但商人地位较为低下，从而影响了经济的发展。汉文帝、汉景帝实行使劳动人民休养生息

---

① 司马光. 资治通鉴 [M]. 高山，译注. 青岛：青岛出版社，2020.

的无为而治，改行贵粟政策，国家存粮进一步增加，经济实力显著提高，商人的地位也得到相应提高，相继开创了文景之治。汉武帝即位后，攘夷拓土，被称为汉武盛世。至汉宣帝时期国力达到极盛，史称"孝宣之治"。汉元帝时期，土地集中日益严重，豪强庄园势力日益强大，自耕农大量破产，沦为佃农。东汉初年，刘秀统一天下后，仍然实行息兵养民的开明政策，开创了光武中兴。汉明帝、汉章帝也仍然沿袭轻徭薄赋的政策，开创了"明章之治"。汉和帝继位后开创了"永元之隆"，使得东汉国力达到极盛时期。东汉后期，地主庄园势力的膨胀日甚一日，劳动生产也日渐颓废。农业和手工业方面，铁制农具和牛耕是主要生产工具，农业生产使用二牛抬杠的犁地法，代田法、区田法等新式耕田法相继诞生。国家注重兴修水利，修建的著名的水渠有成国渠、六辅渠、白渠等。东汉时期，出现了翻车和渴乌等水利工具，农业生产效率得到显著提高。汉朝的纺织业亦有国营与民营之分，到东汉时期，蚕桑养殖在长江和岭南等地开始推广。西汉早期，冶铁业分国营、官营和民营三种类型，汉武帝于元狩三年（公元前 120 年）收冶铁为国营，之后此政策一直没有改变。到了东汉时期，冶铁业由社会自营，促进了冶铁业的发展。西汉早期奉行重农抑商政策，商人地位较为低下。文帝时期，在贵粟政策激励下，商人竞买爵位，扩大贸易领域，其地位才得以提高。丝绸之路是当时世界最重要的商路。东汉时期，中原地区商道线路发达，各地货物往来频繁。

三国时期，魏国由于实施了"屯田制"，奉行"强兵足食"的政策，使经济得到发展。蜀国由于采取打击豪强，闭关息民，务农殖谷的政策，又在都江堰设堰官，管理农田水利工程，并推行屯田。同时，冶铁、煮盐、织锦等重要手工业实行公营，并设立专职官员加强管理，增加了国家税收，促进了生产发展。吴国原本农耕技术落后于北方，由于战乱原因导致北方人的大量涌入，促进了农业生产技术的提高。吴国实行的"屯田制"分为兵屯和民屯，兵屯下之耕者为佃兵，民屯下之耕者为屯田客。吴国位于长江流域以下，重视兴修水利，促进了经济的发展。

魏晋南北朝时期，由于北方大规模的战乱持续时间较长，使得中原地区经济发展相对较慢，相比之下，南方则相对稳定，经济得到迅速发展，逐渐改变了以往以北方黄河流域为经济重心的格局。由于士族制的发展和佛教的兴盛，导致地主庄园经济和寺院经济快速发展，土地和劳动力大量流失。受长期战乱的影响，城市经济遭到破坏，商品经济发展缓慢。由于民族融合的加强，各民族之间的联系更加密切，促进了经济的恢复和发展。东晋诗人陶渊明参加生产劳动，歌颂生产劳动，他的田园诗，如《癸卯岁始春怀古田舍》《归园田居》《庚戌岁九月中于西田获早稻》等，具有强烈的劳动气息。

隋朝仿照北魏的均田制，实行均田法，轻徭薄赋，与民休息，减轻农民生产压力。为积谷防饥，广设仓库。开凿广通渠，自大兴（长安城东南）引渭水至潼关，以利关东漕运。隋文帝在位年间社会民生富庶、人民安居乐业、政治安定，开创了开皇之治的繁荣局面。隋炀帝在位时期修建了贯通南北的大运河以及驰道，改善了水陆交通状况，为发展生产创造了条件。

唐朝农业生产工具有了新的进步，曲辕犁作为新的灌溉工具水车和筒车开始出现。唐朝重视水利工程建设，耕地面积扩大，粮食产量得到提高。尤其是在唐朝后期，随着人口南移加上土地开垦和水利建设，南方粮食产量大幅度提高。唐朝手工业分官营和私营两种，官营手工业较私营手工业发达。唐朝初期主要有纺织业、陶瓷业和矿冶业，到了唐朝后期，南方丝织业、造船业、造纸业和制茶业得到快速发展，唐朝商业也得到较大进步。唐代诗人写下了许多歌咏生产劳动的著名诗篇。例如，诗人李绅的《悯农》诗中体现了对农业生产劳动者的赞美和怜惜。

宋朝经济繁荣程度可谓前所未有，据有关资料记载，如以现在标准来计算当时的经济发展程度，咸平三年（公元 1000 年）中国 GDP 总量为 265.5 亿美元，占世界经济总量的 22.7%，人均 GDP 为 450 美元，超过当时西欧的 400 美元[①]。宋朝民间的富庶与社会经济的繁荣实际上超过盛唐时期。宋朝的农业、印刷业、造纸业、丝织业、制瓷业均有重大发展。航海业、造船业成绩突出，海外贸易发达。宋朝与南太平洋、中东、非洲、欧洲等地区的 50 多个国家通商。南宋时期，南方的经济开发促使江南地区成为当时经济文化的中心。

梯田、淤田、沙田、架田等许多新型田地的出现，大幅增加了耕地面积。各种新式农具的出现，促进了农作物产量大幅提高。耐旱、早熟稻种的推广，促进

---

① 攸光临．宝镜读史札记 [M].田径：南开大学出版社，2015.

了长江流域和珠江流域农业迅速发展。宋朝出现了世界上第一部关于制糖术的专著《糖霜谱》。北宋时期金属矿藏达到 270 余处，较唐朝增加 100 余处。丝、麻、毛纺织业较为发达，印染业也因此得到快速发展。宋朝官窑、民窑遍布全国，所产的宋瓷通过海上丝绸之路远销海外。宋朝造纸业的迅速发展为印刷业的繁荣提供了基础。造船技术达到世界先进水平，年造船水平曾达到 3300 余艘。南宋时代还出现了车船、飞虎战船等新式战舰。宋朝商业繁盛，发行了交子、钱引、会子等世界上最早的纸币。自宋朝开始，东南沿海的港口成为新的贸易中心。宋朝政府制定了中国历史上第一部贸易法《广州市舶条法》。该法令规定："在城市立设立经营外国商品的'蕃市'，供外国人居住的'蕃坊'以及供外商子女接受教育的'蕃学'"。当时，与中国通商的国家达到 58 个国家。对外贸易的繁荣对宋代经济社会的发展起到了重要作用。宋朝诗歌中词的形式空前繁荣，许多诗人也写下了歌颂生产劳动场景的词作，苏轼就是其中最有代表性的一位。南宋描写生产劳动的诗人范成大，其《四时田园杂兴》60 首等作品，诗风平易浅显，反映了当时农村的社会生活。

明代中、后期，农产品生产呈现出专业化和商业化的趋势，江南产粮区大多改为种植棉花、甘蔗等经济作物，手工业的发展也使非农业人口剧增，其他粮食生产区则为其供给粮食。徽商、晋商、闽商、粤商等商帮逐渐形成。明朝在冶铁、造船、建筑、丝绸、纺织、瓷器、印刷等方面，都位居世界领先地位。一些手工业摆脱了官府的控制，成为民间手工业。民间私营商业得到快速发展，民间商人和资本家经济实力空前提高。

清朝随着人口数量的增加，对粮食作物的产量有了更大的需求。为此，清朝采取开垦荒地、移民边区及推广新作物等方式方法提高粮食作物产量。国际贸易的发展也促进了农业生产的发展。徭役制取代税役制，促进了手工业的发展。纺织业和瓷器业得到较快发展。晋商、徽商、闽商、潮商等商帮的形成，促进了商业的发达。海禁政策和禁矿政策的实施，在一定程度上阻碍了工商业的发展。清朝晚期，随着门户开放，西学东渐，龚自珍、魏源、林则徐等改革派人士开始反对学术上侧重训诂考据、空谈心性和脱离社会实际的文风，推崇西方"经世致用"的学风。

（二）中国近现代的劳动文化传统

随着 1846 年"禁教令"的废止，诞生了早期的教会学校，使得自然科学课程开始进入校园。如 1877 年在中国的新教传教士在上海成立"学校和教科书委员会"。该委员会规定，教会学校的教学内容除宗教教义外，还包括数学、物理学、天文学、地质学、化学、生物学、外语（英语和法语）、各国历史、逻辑学、心理学、伦理学、政治经济学等。

随着洋务运动的开展，向欧美选派留学生和新式学堂等近代学制开始建立，校企结合型的实践技能人才培养模式开始出现，培养了中国近代最早的一批遍及军事、外交、管理、科技等各领域的实用型人才。清末颁布的《癸卯学制》，除了在初等教育和中等教育中增加了生产实用技术的课程外，更是设立了专门与生产劳动直接相关的医科大学、格致科大学、农科大学、工科大学、商科大学等分科大学。

20 世纪以来，中国社会发生了翻天覆地的变化，教育领域也随之发生了革命性变革，其中，最典型的变革就是教学内容朝着自然科学和应用技术为主的方向不断推进。劳动教育的思想在教育界得到认可，影响力也日益广泛。1916 年 9 月，在江苏省教育会内设立了职业教育研究会。1917 年成立了中华职业教育社，创办了《教育与职业》杂志。1918 年在上海创立了中华职业学校，学校设木工、铁工、珐琅、纽扣四科，后增设土木、留法勤工俭学、染织、师范、商业等科。倡导和践行"劳工神圣""双手万能""手脑并用"的办学方针和"敬业乐群"的校训，学校设校办工厂，实行半工半读。我国现代著名平民教育家陶行知（1891—1946），提出"以教人者教己，在劳力上劳心"[1]，倡导"生活即教育""社会即学校""教学做合一"的生活教育理论的教学论，还提出"教学做是一件事，不是三件事。人们要在做上教，在做上学。在做上教的是先生；在做上学的是学生。从先生对学生的关系说：做便是教；从学生对先生的关系说：做便是学。先生拿做来教，乃真教；学生拿做来学，方是真学"[2]。以种田为例，要在田里做的，便须在田里学，在田里教。"事怎样做便怎样学，怎样学便怎样教。教而不做，不

---

[1] 陶行知.中国教育改造[M].合肥：安徽人民出版社，2019.

[2] 施建英.生长德育在思言[M].上海：同济大学出版社，2017.

能算是教；学而不做，不能算是学。教与学都以'做'为中心"[①]，强调要在"做"中获得知识。

中华人民共和国成立以来，院系调整和教育改革不断强化了应用性知识和技术类课程的主导地位，劳动教育日益普及。改革开放以来，作为与生产一线联系最直接、关系最紧密的高等职业教育，从诞生之初就是围绕解决"三农"和城镇就业问题而设立的以就业为导向的实用性技术性教育，培养合格劳动者是其最主要的目标和任务，劳动文化是其校园文化最本质的特征。

二、中华人民共和国成立以来的教育方针

（一）中华人民共和国成立初期的教育方针

自中华人民共和国成立以来，党的教育方针在不同时期有着不同的表述，但其落脚点始终是培养合格的劳动者和建设者。

1949 年 9 月，为了明确中华人民共和国成立后的大政方针，为全国各族人民指明前进的方向，制定通过了起临时宪法作用的《中国人民政治协商会议共同纲领》（以下简称《共同纲领》）。尽管当时中国大陆各项社会改革尚未开展，考虑到长期遭受战争破坏的国民经济急需恢复以及中华人民共和国成立后大规模经济建设的形势需要，《共同纲领》规定："中华人民共和国的文化教育为新民主主义的，即民族的、科学的、大众的文化教育。人民政府的文化教育工作应以提高人民文化水平，培养国家建设人才，肃清封建的、买办的、法西斯主义的思想，发展为人民服务的思想为主要任务。"《共同纲领》明确将"培养国家建设人才"作为教育方针的基本落脚点。之后，无论是 1949 年 12 月的《关于成立中国人民大学的决定》，还是 1950 年 6 月第一次全国高等教育会议，均严格贯彻了《共同纲领》关于"培养国家建设人才"的基本规定。

（二）大规模建设时期的教育方针

在国家进入大规模建设时期后，为了进一步规范各级各类学校的劳动教育，

---

① 朱志任，徐志辉. 陶行知生活教育理论简明教程 [M]. 长春：东北师范大学，2015.

使厂矿、企业、农业合作社等全社会都参与到劳动教育中，中共中央国务院于1958年9月19日下发的《关于教育工作的指示》指出："党的教育工作方针是教育为无产阶级政治服务，教育与生产劳动相结合""教育的目的是培养有社会主义觉悟的有文化的劳动者"。该指示正式将"劳动者"作为人才培养的终极目标写入教育方针，并且进一步指出："在一切学校中，必须把生产劳动列为正式课程。每个学生必须依照规定参加一定时间的劳动。"

（三）改革开放时期的教育方针

随着我国改革开放的日益深入，党和国家对教育方针的描述越来越趋于完备。1981年6月27日，党的十一届六中全会通过的《中国共产党中央委员会关于建国以来党的若干历史问题的决议》指出，"坚持德智体全面发展、又红又专、知识分子与工人农民相结合、脑力劳动与体力劳动相结合的教育方针"，提出了"脑力劳动与体力劳动相结合"。该决议实际上已深入到"如何培养劳动者"的教学运行层面。

1987年10月党的十三大召开，适应大会制定的"三步走"的经济发展战略部署，大会报告指出，"要坚持教育为社会主义现代化建设服务的方针[①]"，从此开启了"教育为社会主义现代化建设服务"的教育方针，同时提出，"必须下极大的力量，通过各种途径，加强对劳动者的职业教育和在职继续教育，努力建设起一支素质优良、纪律严明的劳动大军""把发展科学技术和教育事业放在首要位置，使经济建设转到依靠科技进步和提高劳动者素质的轨道上来[②]"。除明确培养"劳动者"的目标外，还进一步将这一目标聚焦为"提高劳动者素质"，使得教育工作的目标更加明确。

1998年8月29日第九届全国人民代表大会常务委员会第四次会议通过的《中华人民共和国高等教育法》规定，"教育必须为社会主义现代化建设服务，必须与生产劳动相结合，培养德、智、体等方面全面发展的社会主义事业的建设者和接班人"，开始将"劳动者"表述为"建设者和接班人"，这为进入21世纪

---

① 陈玉琨. 现代教育管理技术 [M]. 上海：上海科学技术文献出版社，1994.
② 范进学，李凤忠. 现代劳动法学 [M]. 济南：山东大学出版社，1991.

之后的教育方针定下了基调。自此之后，2002 年党的十六大报告、2007 年党的十七大报告、2012 年党的十八大报告、2017 年党的十九大报告都保持了"建设者和接班人"这一表述，这就使"劳动者"这一概念的内涵更加完备。

可见，尽管不同时期在表述上有所不同，但培养"劳动者"一直作为党和国家教育方针的落脚点。

第四节　劳动文化的内涵

一、劳动文化的含义

文化源于劳动，普通劳动者的创造构成了文明之基、文化之重。劳动教育最重要的就是创造出一种真正属于劳动者自己的文化，即劳动文化。[1]

对劳动文化的理解可以从以下三个方面展开：第一，文化源于劳动。从劳动的本义来讲，面对自然，人类早先通过工具获取原料，创造生存所需要的生产与生活资料。在基于生存所需要的生产活动中逐步产生了语言、思维。最终，包含艺术、审美等要素的民族文化逐渐形成。历史唯物主义的观点也蕴含着"文化源于劳动"之意："人们首先必须吃、喝、住、穿，然后才能从事政治、科学、艺术、宗教等。"[2]第二，普通劳动构成文明的根基。在社会发展的进程中，很容易在"文化人"与"庄稼人"之间拉起一道屏障。相比于精英阶层的创造，普通劳动者付出的劳动容易被忽视。历史唯物主义强调，历史归根结底是由劳动者创造的，因此普通劳动者才是构成文明的根基。新时期的劳动教育从根本上来讲就是要打破这道屏障，凸显普通劳动的意义与价值，创造出一种没有高低贵贱之分、真正属于劳动者自己的文化。第三，劳动与文化合一。人类早期的劳动主要作为生存的手段，重在满足人们物质生活的需要，而新时期的劳动更强调精神需要的满足。文化是人类的精神活动及其产物，是一种包含精神价值和生活方式的生态共同体。

---

[1] 柳夕浪 . 创造灿烂的劳动文化 [J]. 基础教育课程，2019（22）.

[2] 中共中央马克思格斯列宁斯大林著作编译局 . 马克思恩格斯全集：第 25 卷 [M]. 北京：人民出版社，2001.

劳动与文化的合一要求在进行大学生劳动教育时应区别于其他学科的教育或一般的课程设计，用文化的眼光审视劳动教育的过程与方法，赋予劳动丰富的文化内涵。

劳动文化的含义充分体现了"劳动"与"文化"的互融，它是一种强调劳动的价值和地位、重视劳动者尊严和权利的文化，是一种弘扬劳动者主体地位的历史观与价值观，是一种属于劳动者、依靠劳动者、为了劳动者的文化。当文化全面融入时，劳动才会真正焕发出自己的光彩。

二、劳动文化的特点

劳动文化的内核是一种弘扬积极劳动的精神展示，其特点主要表现为以下两个方面：一是劳动文化的主体性，即劳动文化与劳动者的关系；二是劳动文化中的劳动关系，即劳动文化与劳动关系的关系。

（一）劳动文化与劳动者的关系

劳动者是劳动文化的主体，在高校人才培养过程中，劳动文化的主体性体现为劳动精神与大学生群体的关系。大学生在各类劳动中表现出来的精神状态本身就是构成社会劳动精神的重要组成部分，而劳动精神对大学生品德培养与人格形成更是发挥着不可替代的作用。

第一，积极的劳动文化有助于大学生形成崇高坚定的道德信念。大学生尚未真正步入社会，对社会和未来的认知往往比较理想化，对自身能力和条件的认识也不够清晰。劳动文化的培养有助于他们正确认识自身、客观了解现实，并逐渐形成正确的思维方式，这对找到正确的自我定位、明确未来努力的方向都有积极意义。

第二，积极的劳动文化有助于大学生形成正确的价值观。大学阶段是大学生价值观形成的重要时期。劳动文化是社会主义核心价值观的重要组成内容，将劳动文化融入大学生劳动教育之中对于大学生树立正确的劳动观、自觉接受职业道德培训、提升职业道德品质都有重要意义。《关于全面加强新时代大中小学劳动教育的意见》明确指出：劳动教育直接决定着社会主义建设者和接班人的劳动精神面貌、劳动价值取向和劳动技能水平。

第三，培养大学生的劳动文化有助于其深刻理解劳动意义，锻炼意志品质。大学生毕业后将要经历从学生身份到社会人的重要过渡期，而劳动则是连接学校与社会的重要纽带。通过劳动，大学生群体能够更清晰地认识社会，同时增强对社会经济、社会阶层、社会文化等的感知，通过实际劳动受到教育和启发，以此增强自身的使命感和社会责任感、培养吃苦耐劳的精神、培育劳动情怀。

（二）劳动文化与劳动关系的关系

劳动关系是人们为了进行社会劳动而结成的相互关系，具体体现为组织中的管理者与员工及员工内部的权利关系，以及与此相关的个人行为方式、个体间关系、矛盾冲突机制等。从本质上讲，劳动关系是一种经济利益关系，然而，根据马斯洛的需要层次理论，除满足基本的生存需要外，每个个体都有获得情感的满足和实现自我价值的需要。因此，劳动关系并非单纯的利益交换关系，社会文化、劳动文化对劳动关系的形成和构建都会产生重要影响。如果说制度规定了劳动关系的基本框架，那么文化则对劳动关系的具体展开发挥着"软管理"的作用。

劳动文化可以从宏观和微观两个层面理解：宏观层面的劳动文化主要是指社会意识形态，每个民族都有自己的意识形态和精神传承，不同意识形态下人们的思维方式、行为方式都存在差异；微观层面的劳动文化主要体现在企业中，同一社会文化背景下单个企业的劳动关系有其特异性。宏观层面和微观层面的劳动文化对劳动关系都有显著影响。例如，宏观的个人主义与集体主义文化对个体的认知方式和沟通方式都有直接的影响，并进一步影响劳动主体间的关系。日本是典型倡导集体主义文化的国家，劳动关系调节机制强调"建立和谐的人际关系"，企业对劳动争议的处理不作明确的条文规定，劳动争议多在企业内部协商解决。相反，美国是强调个人主义文化的典型代表，在法律允许的范围内，个人的利益应得到保护，在处理企业劳动关系的问题上只能通过一系列契约来完成。因此，在处理不同文化背景下的劳动关系问题时应充分考虑宏观劳动文化对劳动关系的影响。

微观劳动文化以宏观劳动文化为基础，主要体现为企业文化。企业文化是企业成员奉行和遵守的价值观念，对激发个体的自觉行为发挥着重要作用。在企业文化的影响下，劳动关系双方形成"心理契约"，"心理契约"包含了员工与雇主双方对彼此的期待，是建立两者之间信任的桥梁。微观劳动文化对劳动关系的影响通过劳动关系双方建立的"心理契约"发挥作用。

第五节　劳动文化的形式与涵养

一、劳动文化的形式

劳动文化形式多样，根据不同的标准可划分为不同的类型。从文化特质的角度，可将劳动文化分为物质劳动文化和精神劳动文化；从主体的角度，可将劳动文化分为企业文化与职工文化；按照精神载体又可将劳动文化划分为劳动精神、劳模精神和工匠精神。不同形式的劳动文化之间彼此交叉。本书主要以精神载体为标准，分别详细介绍劳动精神、劳模精神和工匠精神三种劳动文化形式。

（一）劳动精神

劳动精神是劳动者在劳动实践中形成的劳动认知、价值理念和实践智慧的总和，是推动社会进步的精神动力。认识"劳动"是理解"劳动精神"的前提。劳动有广义和狭义之分，广义的劳动是人以自身的活动来引起、调整和控制人与自然之间的物质变换的过程，包括动物性本能的最初劳动形式，即"维持生存所需要的手段"，同时也涵盖了狭义劳动的内涵，即一般情况下讨论的劳动。狭义的劳动具体指将自己的生命活动本身变成自己的意志和意识的对象。因此，劳动作为人类自由的自觉活动，既是人作为类存在物的应有之义，也是维持自己生存的必要手段。马克思以劳动为起点构建剩余价值学说，形成了丰富的劳动思想。劳动精神是建立在劳动基础上的精神信仰，概括了劳动的本质特征，新时期我国的劳动精神是马克思主义劳动观在我国的时代性表达，在《关于全面加强新时代大中小学劳动教育的意见》（以下简称《意见》）中被概括为"勤俭、奋斗、创新、奉献"。

1. 勤俭精神

劳动精神首先强调的是勤俭，即勤劳、俭朴。勤劳是中华民族几千年来积淀的优良传统和美德，也是主张通过劳动改造社会、充分体现革命性与进步性的五四运动的基本要求与重要内核，更是新时代青年奋斗的立身之本和成功保证。特别是在百年未有之大变局的时代背景下，广大劳动者必须坚定不移地保持和弘扬勤劳的劳动精神，这样才能实现新时期我国实现中国基本现代化的目标以及经济发展由量变到质变的飞跃。俭朴是中华民族优秀的道德基因，崇俭戒奢的民族文化包含着独具特色的道德规范和思想观念，并以其强大的感染力约束着人们日常的一言一行。新时代的青年成长于经济迅猛发展的时代，物质财富的爆发式增长为他们提供了优渥的生活条件。由于没有切身经历过困难时期，他们很容易从思想上受到享乐主义、拜金主义的腐蚀。因此，勤俭更应成为当代青年砥砺品德的保证。新时代的青年只有清醒地认识到我国的现实国情，继续保持勤劳的工作作风和俭朴的生活作风才能托起新时代的中国梦。

2. 奋斗精神

新时代的劳动精神强调"劳动者通过奋斗创造价值"。民族复兴的使命要靠奋斗来实现，人生理想的风帆要靠奋斗来扬起。实现中华民族伟大复兴的中国梦，离不开前赴后继、艰苦卓绝的持续奋斗。奋斗体现了劳动者的伟大，体现了以人民为中心的价值取向。各行各业的劳动者将奋斗的劳动精神具体化为"铁人精神""红旗渠精神""载人航天精神"等，中华儿女通过不懈奋斗，用劳动创造历史、铸就辉煌。大学生步入社会后将肩负起建设社会主义现代化强国、实现民族复兴伟业的重任，要以辛勤劳动为荣、以好逸恶劳为耻，会劳动、爱劳动，在每一件小事中培育和践行艰苦奋斗的精神。

3. 创新精神

发扬劳动精神就是要提高劳动者的创造性劳动能力。科技化、智能化成为时代的鲜明特征，面对日新月异的科技进步和繁重复杂的发展任务，劳动形态也发生了巨大变化。新时代劳动者不仅要爱劳动、会劳动，还要懂技术、会创新，要摒弃简单模仿的惯性思维，主动应对科技发展与产业变革带来的新挑战，抓住新机遇。当前，在新技术革命和国际复杂形势的冲击下，只有不断提高劳动者的创造性劳动能力，才能为完成新时代历史任务提供强有力的保障。劳动者应在不同形态的劳动中培养创新精神，实现创造性劳动及劳动成果的创造性转化，通过创新科技、创新方法、创新思路等实现高效、节能、环保、利民的价值目标，通过创新劳动创造财富，引领新时代飞速前进的步伐，从而实现自我价值。《关于全面加强新时代大中小学劳动教育的意见》明确提出："强化诚实合法劳动意识，培养科学精神，提高创造性劳动能力。"大学生作为新时代的劳动者更应正确理解新时代劳动教育的内涵，适应劳动教育的特点，有意识地培养自身的创新意识，积极主动尝试，勇于打破陈规，不断增强自身的创新创造能力。

4.奉献精神

奉献是具有鲜明社会主义特征的劳动精神。在实现中华民族伟大复兴的征途上，事不避难、义不逃责的决心和以身许国、无私奉献的精神，支撑着中华儿女为夺取一个又一个胜利而奋勇前行。近百岁高龄的老党员张富清，战争年代九死一生，和平年代深藏功名。70 多年前，他是西北野战军的突击队员，战功卓著，是董存瑞式的战斗英雄。退役转业后，他主动选择到湖北省最偏远的来凤县工作，为贫穷山区奉献一生。江苏省黄海前哨的守岛卫士王继才同志，用无怨无悔的坚守和付出在条件恶劣的荒岛上与妻子默默无闻地守岛卫国 32 年，在平凡的岗位上书写了不平凡的人生华章，诠释了祖国忠诚卫士爱国奉献的伟大精神，为国人树立了忠诚的榜样和标杆。每一位劳动者都要始终牢记革命传统，弘扬革命精神，警惕和防止价值观念扭曲、利益取舍失衡，在劳动中乐于付出、甘于奉献。

热爱劳动是中华民族的传统美德。在实现中华民族伟大复兴的关键历史时期，我们更需要各行各业的劳动者弘扬劳动精神、付出辛勤的劳动。特别是对于大学生群体而言，他们是我国未来经济建设的中坚力量，应有意识地引领其形成正确的劳动认知和价值理念，崇尚劳动、热爱劳动，并结合自身专业或技能特长自觉参与劳动实践，自觉树立和弘扬勤俭、奋斗、创新、奉献的劳动精神，为新时代实现中华民族复兴伟业贡献自己的力量。

（二）劳模精神

2019 年中共中央、国务院印发《新时代公民道德建设实施纲要》，将"弘扬劳模精神"作为公民道德建设的重要内容。劳模，即劳动模范，其重点在"劳动"。劳模精神的本质是劳动模范这一群体优秀品格的集中外现。劳模精神作为一种文化精神并非一成不变，它具有鲜明的时代特征，是时代精神的生动体现。中华人民共和国成立以来，不同时期的劳模虽然具有不同的特点，但每个时期的劳动模范都展现出了他们共有的劳模精神。

劳模精神以劳动精神为基础，诠释了我国社会主义核心价值观，爱岗敬业、争创一流、艰苦奋斗、勇于创新，淡泊名利、甘于奉献构成了劳模精神的丰富内涵。其中"爱岗敬业、争创一流"作为劳模精神的基本目标，是广大劳动者的一致追求。"爱岗敬业"既是从狭义上要求劳动者热爱自己的职业，更是从广义上提出了尊重劳动、热爱劳动的要求，只有从心里真正热爱劳动才能做到勤勤恳恳、爱岗敬业；"争创一流"要求劳动者鼓足干劲、勇于克服工作中的种种困难，只有披荆斩棘、一往无前才能铆劲把工作做精、做好。"爱岗敬业、争创一流"是劳模精神的本质特征。劳动模范是中国梦的领跑人，他们用自身的模范行为带动广大群众立足本职、尽职尽责、精益求精，在平凡的工作岗位上作出不平凡的业绩。"艰苦奋斗、勇于创新"是实现"爱岗敬业、争创一流"奋斗目标的基础，是劳模精神永葆时代本色的关键。中华民族自古就有艰苦奋斗的优良品质，这是我国民族精神的重要内核，劳动者应传承、发扬艰苦奋斗的民族精神；"勇于创新"是推动我国科技创新、经济发展、社会进步的关键，劳动者应有意识地培养自身的创新意识、提升自身创新能力以满足时代发展的需求。"淡泊名利、甘于奉献"是劳模精神的更高境界，又是展现"艰苦奋斗、勇于创新"精神风貌的必要条件。"淡泊名利"是一种为集体无私奉献、不计个人得失的高尚品质，在劳模精神的引领下，劳动者始终把工作、责任放于首位；"甘于奉献"是当代劳动者遵循的崇高价值标准，要求劳动者全心全意为人民服务，具有时时刻刻服务大局的意识。

每一位劳模都是一面旗帜，劳动模范的精神与品质对大学生群体以及企业文化建设和企业劳动者都有很强的引领与带动作用。大学阶段是个体价值观塑造的关键时期，在高校中开展劳模精神教育，对激发大学生的劳动意识、培养和增强劳动情感、引领形成正确的价值观至关重要。大学生只有切身体会到"劳动创造美好生活"，才能自发地树立正确的劳动价值观与择业观，深化爱国情感、明确时代责任,在劳模精神的引领下自觉追求自身目标与价值的实现,同时为实现中华民族伟大复兴的中国梦不断奋斗。在企业中弘扬劳模精神对企业文化的建设与落地、对广大劳动者的引领都有重要意义。劳模身上体现的"一心为公、无私奉献"的主人翁精神、"勇于创新、争创一流"的进取精神、"艰苦奋斗、攻坚克难"的拼搏精神引领着企业文化的发展方向,能够引导广大劳动者见贤思齐,在无形中推动企业文化建设。另外,劳模精神中的"敬业、勤业、求实、求精"蕴含着企业的管理理念,使广大劳动者在劳模和先进人物的带领下,在各自的岗位上刻苦钻研,用实际行动为企业发展贡献自己的力量。劳模精神从更高层面孕育着企业和谐的环境。劳动模范的榜样力量有助于激发员工的工作热情,使每一位员工都充分发挥自身潜能,从而营造整体的良好工作氛围,实现员工与企业共同成长。

(三)工匠精神

工匠,即有工艺专长的匠人。自手工业生产以来,工匠们以自己的独具匠心和真诚劳作,创造出一件件经典的作品,赋予了中华民族灿烂文明以实体形态。"工匠精神"最早用来指代手工业劳动者精益求精的一种精神追求。自春秋时期孔子就曾教导弟子"事思敬、执事敬",至今在我国已发展延续数千年。新时代的劳动者所处的行业、从事的工种不同,但他们都具有共同的特点和职业精神——工匠精神。因此,工匠精神已延伸到各行各业,是不同行业的劳动者在劳动过程中形成的行为习惯、价值信念和精神表达,蕴含着爱国敬业、专注求精与传承创新等丰富的精神内涵,是当代职业人孜孜追求的精神品质。

爱国敬业体现了工匠精神的情感内涵。无论是大国重器的打造者,还是普通岗位的劳作者,爱国敬业是每一位工匠最根本、最深层、最强劲的动力来源。为了更好地满足人民群众的生产生活需要,工匠们在各自的岗位上勇挑重担、兢兢业业。"职业"在他们眼中不只是一个赖以谋生的手段,更是一个承载着人生价值与社会价值的重要使命和值得坚守的价值目标。怀着爱国的热忱,工匠们为促进人民生活水平的提升和国家经济、社会的发展作出了不可磨灭的贡献。"执着专注、精益求精"是工匠精神的灵魂。俗语说"冰冻三尺非一日之寒""艺痴者,技必良",工匠们精湛的技艺不是经过短期训练就可以轻松练就的,而是需要一遍遍不厌其烦地反复磨炼，需要吃常人难以忍受的训练之苦，只有这样，才能使手上的每一根神经都形成匠作记忆，从而通过改良技术的方式来获得质量更佳的成品，使已有的工艺、技术实现从"有"到"优"的飞跃。特别是在我国制造业转型升级、经济高质量发展的时代背景下，专注求精的工匠精神与创新精神不断融合，创新产品生产的技术、工艺流程，不断满足消费者个性化和对高质量的需求。"道技合一、传承创新"是工匠精神在发展层面的内涵，也是工匠精神得以传承、历久弥新的重要原因。工匠们练技修心、道技合一，其中，工匠的"技"是指其所掌握的技能手艺，而"道"则是高于"技"并已内化到工匠们精神世界中的对人生的领悟与透视。"技"是"道"的基础，"道"是"技"的升华。大国工匠都是穷其一生、持之以恒在自己的领域耕耘，不断改良技术、创新方法。工匠精神的传承不只是技术的继承，更是匠人们经日复一日磨炼所得的精神感悟的传承，更强调技术发扬过程中的突破常规、别出心裁、与时俱进和改革创新。

"中国制造"的崛起离不开大国工匠。工匠精神作为一种精神指引，对广大劳动者具有引领和示范作用。大学生是支撑我国未来经济社会持续发展的中坚力量，在大学生中培养和树立工匠精神对于增强其劳动认同感、树立正确的劳动价值观、提升创造力水平都有积极意义。要让这些中坚力量成为"中国造""中国智造"的主力军，需要榜样领航，尤其需要劳模工匠来帮助他们认识到肩负的使命。

二、劳动文化的涵养

大学生是国家未来的劳动主力军，大学校园是孕育劳动精神的沃土，新时代劳动精神以及劳动文化的培育应当以辛勤劳动为根基、以诚实劳动为准则、以创造性劳动为方向。

（一）以勤为基，辛勤劳动

辛勤劳动强调劳动之于个人生存和发展的意义，是诚实劳动与创造性劳动的前提。辛勤劳动是每一个中华儿女应有的劳动态度和生存状态。辛勤劳动包含"勤学"与"勤劳"两个方面。"勤学"强调锐意进取，即个体要树立终身学习的理念。

人才有高下，一个人想要有所成就应当与时俱进，增强自身综合素质，增长新本领，积极应变，主动求变，不断学习新技术、掌握新方法；"勤劳"强调脚踏实地，即通过辛勤劳作、艰苦奋斗创造美好生活。我国自古就有"一分耕耘，一分收获"的谚语，劳动付出与劳动回报从来都是对等的，中华民族历史上每一点进步和每一次成功无不是通过人民的辛勤劳动和艰苦奋斗创造出来的。

（二）以诚为则，诚实劳动

诚实劳动与辛勤劳动有所不同。社会的发展倡导辛勤劳动，但勤劳的程度完全取决于个体自身，多劳多得，而诚实劳动以法律法规为基础，对劳动者有强制性的要求。一个人不能夸大自己取得的成果；同时也绝不能窃取他人的劳动成果。诚实劳动具有至真性、共享性与至善性的特点，其中至真性表现为劳动认知的客观、劳动行为的务实和劳动成果的实事求是，包括对劳动知识与技能的正确认识、对自我的合理定位以及实事求是对待劳动成果；共享性表现为劳动过程中劳动资料、劳动技能的分享和劳动成果的共享；至善性则突出表现为劳动思想与劳动行为的"诚"，即诚实的品格。

诚实劳动是劳动实践活动中必须遵循的准则，用诚实劳动创造幸福人生和美好生活是中国人民共同的价值追求。诚实劳动对尊重劳动者劳动过程与劳动成果、维护和谐劳动关系、促进社会和谐都有重要的意义。只有脚踏实地、诚实实干才能创造更多有分量的劳动成果，汇集振兴中华之力。

（三）以新为求，创造性劳动

创造性劳动建立在辛勤劳动之上，以诚实劳动准则为基本要求，是劳动实践的崇高目标，也是理解未来社会发展的关键。创造性劳动要求每一位劳动者充分发挥个体的主观能动性，勇于探索、积极创新，既要寻求新技术"从无到有"的突破，也要着眼于工艺流程"从有到优"的改进。从我国历史上的四大发明、到华为领先于世界的 5G 技术、每一位大国工匠淬炼的精湛工艺都是创造性劳动的成果。创造性劳动是劳动发展的必然方向，是我国新时期创新驱动发展战略的必然要求，关乎国家的未来和人民的福祉。

"以勤为基、以诚为则、以新为求"，辛勤劳动、诚实劳动和创造性劳动体现了我国人民勤劳、诚实和创造的禀赋，也凸显了我国新时代的劳动价值取向。中华民族的奋起离不开每一位中华儿女的劳动，劳动不是蛮干，劳动价值观对于劳动行为发挥着方向性的引领作用。

除大众教育对个体劳动观的形成有重要影响外，企业文化、职工文化等具体文化形式对塑造个体价值、培养劳动精神的作用仍不容小觑。企业文化形成于企业的生产经营活动并被全体成员所认可。企业文化包含丰富的内容，如企业的宗旨、经营理念、员工的行为方式等，核心内容是企业的精神与价值观。每个人都是组织中的个体，企业文化对个人的价值判断和行为方式都有很大的影响，它会把组织秉持的精神和价值观渗透到每一位员工日常的工作和活动之中。职工文化又称企业职工文化，是与企业文化相对应、以职工为主体的一种文化形态。更具体地说，职工文化是企业文化在职工文体活动中的具体体现，如企业组织员工开展技能水平竞赛、举办节假日联欢活动等。丰富的企业职工文化对于突显职工的主体地位有重要作用，能够从各方面提升职工的职业素养，如技能水平、劳动热情、创造活力等。由此可见，以企业文化、职工文化为依托是培育个体形成正确的劳动价值观、培育劳动文化内涵的重要途径。

第二章　高校劳动文化教育研究

　　高校劳动文化是指在高校人才培养活动中，以培养学生劳动观念、劳动品质和吃苦耐劳精神为目的的校园文化，凝结在具体学校的办学理念、校园环境、制度建设和劳动文化主题教育之中，是学校师生共同认可并致力于打造的特色校园文化。从教育的角度看，劳动文化主要是指教育对象在劳动实践中所形成的关于劳动的价值观与劳动的组织和技术技能。它包括在劳动过程中加深对劳动的认识，树立正确的劳动评价，正确认识和学会协调劳动过程中个体之间的关系，培养自身对劳动秩序的认同和对劳动成果的追求等。在高校开展劳动文化教育的过程中，应提高对劳动文化教育的认识，充分认识到劳动文化教育是一项系统工程，贯穿在教育教学的始终，不能将其仅仅看作一项孤立的活动或项目。本章为高校劳动文化教育研究，主要包括了劳动文化教育概述、树立正确劳动观念、弘扬劳模精神、弘扬工匠精神等方面的内容。

第一节 劳动文化教育概述

一、劳动文化教育的目的和内容

（一）学习劳动知识

劳动知识是指劳动者在劳动实践中形成的关于劳动者、劳动资料、劳动对象、劳动过程、劳动成果的了解和反映，一般包括关于劳动的知觉、表象、经验、概念、理解等。劳动者在劳动实践中通过对劳动过程和劳动要素产生切身感受，将这些劳动感受相互联系在一起，形成一些关于劳动的朴素的认识。随着劳动实践的积累，劳动者会将丰富的感觉材料加以去粗取精、去伪存真、由此及彼、由表及里。

劳动具有多样性，无论哪一种劳动都具有自身的特殊知识领域。在田间耕种要学习农业生产的知识，利用电脑等先进设备进行劳动更需要学习相关专业知识。劳动促进了学生对劳动知识学习必要性的认识，有利于学生培养学习劳动知识的兴趣。

劳动知识的学习和掌握寓于劳动过程之中。许多中外教育家均主张学校教育与生产劳动相结合。如宗教改革后期法国作家拉伯雷就提出，教育的目的是实际生活的准备，学生应该在实际生活中学习和掌握知识，主张学生应在课余参加与生计相关的各种劳动。路德教会的神学者、讽刺诗人安德雷雅提出，学生应半日读书，半日做工。英国现实主义教育家弥尔顿则主张将有实践经验的猎人、园丁、药剂师、工程师、解剖师、水手等引进校园。

知识能够震撼学生的心灵，拓展学生的视野，激发学生的思考与创造。劳动文化教育融劳动知识于其中，能够有效地增强教育活动的吸引力。在教学实践上，应通过劳动教育和实践锻炼，丰富学生的劳动知识。

（二）掌握劳动技能

劳动技能是劳动能够得以实现的前提。一个人只有掌握了劳动技能，才能实现从想劳动、爱劳动到会劳动的转变。

从社会层面看，技能型人才是经济社会发展的重要支撑，我国经济社会的发展需要大批高素质、技能型人才。培养学生的劳动技能对于培养一支爱劳动、能劳动、会劳动的产业大军，提高我国的劳动效率和产品质量具有十分重大的现实意义。

从个人角度看，掌握劳动技能也是个体树立自尊自信和完善自身的必由之路。通过技能操作，学生从感性活动中体验到活动的快乐，锻炼了肢体的灵活性，强壮了筋骨，培养了自尊和自信。

一般来说，知识、智能、能力、技能、职业能力是一组相关性较强的概念。第一，知识是在人脑中形成的经验系统。第二，能力是人顺利完成某种活动所必需的并能够直接影响活动效率的个性心理特征，它包括实际能力和潜在能力两部分。实际能力指已经达到的表现出来的能力。潜在能力指尚未表现出来的心理能量，是实际能力展现的可能性，也是实际能力形成的基础和条件。第三，智能是指认知方面的各种能力，即观察力、记忆力、思维能力、想象能力的综合，其核心成分是抽象思维能力。第四，技能则是指个体运用已有的知识经验，通过练习而形成的智力动作方式和肢体动作方式的复杂系统。技能包括在知识经验基础上，按一定的方式进行反复练习或由于模仿而形成的初级技能，也包括按一定的方式经多次练习使活动方式的基本成分达到自动化水平的高级技能。按技能本身的性质和特点，可分为动作技能和智力技能两种。动作技能是指表现在外部的，以完善合理的方式组织起来，并能顺利完成某种活动任务的复杂的肢体动作系统。如写字、弹琴、骑车、打字、使用生产工具等。智力技能是指借助于言语在头脑内部的、以一定的程序组织起来，并能顺利完成某种认知活动任务的复杂的智力动作系统，如阅读、运算、分析、构思技能等。

相比较而言，知识是对经验的概括，能力是对调节认识活动的心理活动过程的概括，技能则是对动作和动作方式的概括。一方面，知识、能力是技能掌握的前提，它制约着技能掌握的快慢、深浅、难易、灵活性和巩固程度，而技能的形成与发展将有助于知识的掌握和能力的发展。所以任何技能的形成与发展都离不开与之相应的知识和能力。高校要开设必要的理论基础课，为学生学习和掌握劳动技能提供原理和方法基础。另一方面，高校应坚持以实践教学为主体，强化技能训练这一旨在使学生更有效地表现其角色行为而必须进行的特殊能力的学习及其培养过程。

高校应保证和创新劳动技能教育课程和劳动实践活动，在时间、师资、场地、设备等方面给予充分保障。要创新教育教学形式，尤其是应重视培养学生的科研设备使用技能。应结合理论课和专业课教学，增设实验实训和劳动实践环节，加强大学生理实一体化教学，实现理论与实践相结合、研究与动手相结合。

世界各国，尤其是发达国家十分重视技术技能人才的培养。为了培养青年人的劳动技能，创始于1947年的世界技能大赛，每年都聚集世界各国22岁以下的青年选手进行技能角逐，这些选手大都来自发达国家。近年来，随着我国生产力水平和现代化程度的提高，国家对技能型人才的重视程度也越来越高。2017年，我国积极备战第44届世界技能大赛，促成上海成功申办第46届世界技能大赛，我国技能人才培养在国际上的影响力逐步显现。目前，我国高技能人才占劳动力的比重越来越大，标志着我国劳动力素质的显著提高，尤其是我国的高等院校和劳动教育基地在技能型人才的培养上，进行了艰苦的探索，同时也取得了举世瞩目的成绩。

（三）学会相互合作

劳动文化教育对于学生相互合作等良好品德的养成具有十分重大的意义。在劳动过程中，学生能够切身体会和感悟个体之间的社会关系，加深对劳动中人与人之间相互依存、平等互助以至于相互关心、团结有爱的重大意义的认识。美国现代教育家、思想家杜威曾提出"学校即社会"，主张让学生在学校学习和体会社会中的真实生活，并认为这才是促进学生身心成长的正确途径。杜威倡导教师要把教授知识的课堂变成学生活动的乐园，引导学生积极自愿地投入活动，在活动中自然而然地养成良好品德和获得知识，实现生活、生长和经验的改造。当前，我们开展劳动文化教育就是要让学生在劳动实践中体认社会生活，从而学会正确对待他人，深刻理解只有尊重别人的自由和共同秩序，自己才能得到发展。通过劳动实践，培养自信、自觉，学会正确对待自我，培养吃苦耐劳和战胜困难的精神和勇气，体认劳动规范、劳动道德的重大意义，培养遵纪守法和遵守社会公德的规则意识。

在教学实践上，让学生参加集体劳动和生产实习，使其与工人、农民等一起摸爬滚打，培养劳动人民情感。学生应该在劳动集体中接受手工劳动的教育、智力教育和情感教育，只有在劳动集体中才能养成良好的道德风尚和高尚的情操。同时，通过实践体验，培养学生良好的意志品质。在教育过程中，要注意尊重学生的人格，尊重学生的主体地位，尊重学生的发展潜能，解放学生的个性，培养学生全面发展的发展观。

（四）感悟劳动价值

1. 从人生观的高度体认劳动价值

生活靠劳动创造，人生也靠劳动创造；广大青年一定要勇于创新创造。应通过劳动教育，使广大学生端正对劳动重大意义的认识。

2. 从价值观的高度体认劳动价值

教师应通过劳动教育，使学生树立劳动光荣、劳动神圣、劳动和谐、互帮互助、平等共享的价值取向。让学生体认劳动伦理与情感，创造劳动文明；体认场景美和精神美，培养自己的劳动乐趣和审美。让学生学会正确对待自然，树立生态和谐理念。在劳动实践中，让学生感悟"纷吾既有此内美兮，又重之以修能"[①]的劳动价值。

3. 培养学生正确的劳动态度

手工劳动预备教育的目的，并不在于介绍劳动的过程、劳动工具、劳动器械和某种特定职业所需要的材料。正如脑力劳动教育的目的并非仅仅传授未来职业所需要的知识是一样的道理。任何地方的预备教育的目的都是为了健全教育所必需的机构，在于传播正确的劳动方法以及培养严谨的习惯。预备教育的目的还在于唤起真正的劳动热情。在教学实践上，应通过劳动教育，加深学生对劳动的意义和价值的认识，培养其正确的伦理与情感，包括对投入与参与劳动发自内心深处的真切愿望，以及劳动过程中克服困难和挫折的决心。而影响态度形成的有认知、情感和行为倾向性三个成分，其中，认知重要的影响因素。在教育实践上，

---

① 梁文勤.屈赋的语言世界[M].银川：宁夏人民出版社，2013.

通过文化认知和实践体验，培养学生对劳动的情感和情怀，践行人与自然的和谐理念。具体做法上，通过知识输入加强认知教育。同时，加强团队活动和实践体验，强化情感培养和行为习惯养成。

（五）树立健康人格

劳动会给世界观、人生观和价值观形成期的学生在内心深处埋下健康人格的种子。劳动使得学生受到身心的双重改造，会促进学生养成有益于其终生生活和发展的健康人格。

1. 劳动有利于塑造学生阳光心态

学生在劳动过程中，尤其是在共同探讨和齐心协力挥洒汗水的过程中，会与老师建立起信任关系，同学之间也会建立朋友式的信任关系。这种信任关系对于塑造学生阳光心态具有积极意义。实践证明，经常参加集体劳动的学生，容易在集体劳动的协作互助中形成宜人性人格和尽责性人格。宜人性人格主要表现为信任、直率、利他、温顺、谦逊、慈悲等人格特质；尽责性人格主要表现为自信、秩序、责任感、为成果努力、自律等人格特质。而不参加劳动的学生，特别是一些好逸恶劳的学生，由于缺乏在集体劳动中体验和体悟到的关心、互助和协作精神，则容易形成神经质性人格，主要表现为焦虑、生气、敌意、沮丧、敏感害羞、冲动、脆弱等人格特质。

2. 劳动有利于培养学生的自尊心和意志力

通过参加劳动，在劳动过程中创造劳动成果和社会财富，进而实现自身价值，有利于培养和提高学生的自尊心和自信心。19 世纪瑞士民主主义教育家裴斯泰洛齐主张大众教育和贫民教育，为了改变穷人卑微的生活处境，他主张"首先要改变穷人那种胸无大志、缺乏目标和主动性、缺乏人类尊严的状况……通过教育和诚实的劳动获得人的尊严"[①]。也就是说，在劳动教育过程中，除了使学生学到劳动的知识和技能外，还要"培养人本性的各种力量"[②]。同时，劳动实践往往是个艰苦的过程，在劳动过程中，通过克服困难，实现目标和收获劳动成果，学生的

① 吴式颖，任钟印．外国教育思想通史：第 6 卷 [M]．长沙：湖南教育出版社，2002.
② 阿尔图·布律迈尔．裴斯泰洛齐选集：第 2 卷 [M]．戴行福等译，北京：教育科学出版社，1994.

意志力得到提升，有利于培养学生为理想而奋斗的信心和韧性。而缺乏必要劳动实践的学生，则容易缺乏必要的自尊和意志力，他们往往难以认同自身的价值，不愿为理想和目标去努力，由于自制力较差，遇事不容易保持韧性，容易半途而废，难以做到善始善终。

3. 劳动有利于培养学生的认知力

实践出真知，只有亲身参与劳动实践，体验劳动感受，才会调动自身感觉器官全方位感受自己和社会，才能进一步刺激大脑去做深入的思考。另外，意志力也是影响学生认知力的一个重要因素。由于意志力水平低，又缺乏劳动实践体验的学生，在性格上一般偏向外控型，表现为难以保持对长期目标的坚持和热情，这些学生常常更相信运气和命运，进而影响了自身的认知力。

4. 劳动有利于培养学生的情感和行为投入

劳动实践体验具有亲和力和幸福感，经常参加劳动实践体验的学生这种感觉往往较为强烈。科学健康的劳动教育常常对学生具有强烈的吸引力，在这样的劳动实践体验中，学生们容易形成对各项社会事业抱有强烈的热情和献身社会事业的强烈愿望。而缺乏劳动体验的学生对社会活动的情感投入和行为投入都呈现显著的负面影响，表现为缺乏归属感，学习兴趣低，缺乏投身于社会活动的热情。

5. 劳动有利于使学生养成认真和细心的良好习惯

在劳动文化教育实践中，劳动成功意味着劳动产品的形成，对于劳动者来说，意味着巨大的成就感。劳动失败意味着劳动材料和劳动者时间、精力的浪费，对于劳动者来说，就会产生巨大的挫折感。为此，学生在劳动实践过程中，会主动保持聚精会神和专注工作的状态，有利于学生养成认真和细心的良好习惯，为未来从事职业活动和适应职业要求打下良好基础。

6. 劳动有利于培养学生的社会责任感

学生在劳动实践中，会切身体会到劳动过程和劳动产品对社会的意义，由此会产生保证成功劳动带来的责任感。在劳动过程中，学生会切身体会到国家、集体和个人在劳动产品分配上的关系，有利于加其深对人类劳动的社会性的理解，认识到自身在团结互助中的社会责任。同时，劳动就是奉献，青年大学生在劳动实践中更容易体悟奉献的价值，更容易培养自身奉献社会的高尚情操和形成强烈的社会责任感。

7. 劳动有利于培养学生艰苦奋斗的精神

劳动往往与劳作、干活具有相似的意义，人们通过劳动能够养成吃苦耐劳的优良品质。

党的十九大提出了"实施乡村振兴战略"的宏伟目标，但要实现乡村振兴的战略目标，关键是实现农业类技术技能型人才沉到"三农"一线去，通过实现乡村人才振兴促进乡村产业振兴的实现。随着农业产业转型升级，特别是都市型现代农业的兴起，向循环农业等生态型农业种植模式的转型迫在眉睫，对农业技术技能型人才的需求愈加迫切。从小的方面讲，高校的大学生通过接受劳动文化教育养成吃苦耐劳和艰苦奋斗的优良品质，对于其自身今后人生发展和奉献社会具有重要意义。从大的方面讲，通过开展劳动教育，使青少年通过劳动实践实现在改造自然的过程中改造自身。

二、劳动文化教育的重点

（一）提高劳动教育的思想性

思想性指劳动文化教育"所表现出的政治倾向和社会意义"。劳动文化教育要融思想性于其中。

首先，应体现活动的社会意义。我们将责任教育、使命教育、信念教育、信仰教育、理想教育融入其中。劳作教育的重要代表德国 19 世纪教育家凯兴斯泰纳认为，应通过劳作教育使学生了解国家任务，激发学生由于对国家任务的理解而产生公民责任感及对祖国的热爱。虽然他提出的这一教育思想在本质上是为当时的资产阶级国家服务的，属于资产阶级的奴化教育，但如果能抛开特定的历史背景来理解，对于我们今天开展社会主义劳动文化教育仍有一定的借鉴意义。

其次，应体现活动的人文价值。注重培养学生追求真理、崇尚科学和独立思考的人文精神和公民意识，使学生在活动中养成追求真善美的优秀品质。通过劳动文化教育中的理性分析，使学生从长期课堂教育中形成的惯性思维中跳出来，养成独立思考的良好习惯。

其三，应让学生在劳动活动中涵养自己的劳动品质和创造创新精神。在劳动文化教育过程中，通过情景创设、研究型学习、欣赏与评价等教学过程，有利于培养学生的劳动兴趣、观察能力、想象力、创新意识和创造思维。尤其是动手实践环节，有利于培养学生对劳动的情感；劳动实践中手脑的并用和协同，则是将学生的创新创造精神直接转化为具体的创新创造行为，有利于培养其创新创造品质。如加强课程安排的顶层设计，将课程安排板块化，融科学性、人文性和公民素养教育于一体，会收到良好的教学效果。高校可以通过开设农作物种植与管理、园区管理、果树田间管理、素质拓展、垃圾分类与回收利用等课程培养学生的社会责任感，通过开设智能温室、植物组织培养技术、无人机、走进桑蚕的世界、水的奥妙等课程培养学生的科学精神，通过开设扎染技艺、纺织技艺、主食与传统饮食文化、家常菜制作等课程加强对学生的传统文化教育，通过开设兰花的品鉴与种植、小品花的设计与制作、压花小画制作、动物品种识别、多肉植物组合盆栽、蝴蝶的养殖与管理、蜜蜂的养殖与管理等课程培养学生高雅审美情趣和文化素养。

（二）提高劳动文化教育的趣味性

劳动文化教育的趣味性一直受到中西方教育家的重视，如 19 世纪德国著名教育家赫尔巴特就主张建立在多方面兴趣基础上的课程教学理论，他将兴趣分成经验的兴趣、思辨的兴趣、审美的兴趣、同情的兴趣、社会的兴趣、宗教的兴趣6 种，并主张在教学中加以贯彻。20 世纪初期，德国教育家凯兴斯泰纳提倡一切活动均应从学生的实践兴趣出发，他在《劳作学校要义》一书中指出："即使不得不承认，福斯特在他的《青年教育》中所给予的有益启示，使人们认识到以兴趣为出发点的理论的重要性。然而，我们的部分学校缺少的这种实实在在的思想教育。"这就提示人们：开展有效的劳动文化教育，需要提高活动的趣味性。我们应采取有效的活动形式，让参与活动的学生感到有兴趣，以此增加课程的吸引力，使学生能够全身心地投入活动之中。同时，使学生体会到活动的情趣，在其乐融融之中激荡起心灵深处的感动和感悟，培养学生的生活情趣，使其在活动中养成热爱劳动、热爱生活、积极乐观的良好品质，提高劳动教育的有效性。

要提高劳动文化教育的趣味性，一个十分重要的方面就是在劳动文化教育活动中重视以学生为主体的教育思想。一方面，在课程设计上应与学生生活、所学专业和职业生涯规划相结合，使得每一位学生都乐于参与其中。另一方面，在教育形式上要设置一些问题导向的课程，宜于发挥大学生形成沟通交流、讨论争鸣的性格特征，激发思想碰撞，增强学生在活动中的自主性。教师应在语言上力求生动活泼，宜采用学生体的语言，在沟通交流方面更加贴近学生。

第二节　树立正确劳动观念

生产劳动和教育的早期结合是改造现代社会的最强有力的手段之一。

一、劳动观的概念

人们在劳动的过程中，形成的对劳动的看法和认识，就是劳动观。劳动观反映着劳动者对劳动的态度，决定着劳动者在劳动过程中的行为。劳动观作为意识形态领域的内容，与人生观、世界观一脉相承，它生动地反映着人生观、世界观。

一个人只有树立了正确的劳动观，才能自觉强化劳动意识，用双手和智慧去创造人生，实现自己的理想。

二、如何树立正确的劳动观

（一）要善待自己劳动的岗位

劳动的一个重要特性就是平等性，意思是劳动虽然有分工、专业、条件和环境等诸多方面的差别，但就劳动本身而言，是没有高低贵贱之别的。因此，不管是从事体力劳动，还是从事脑力劳动，不管是从事简单工作，还是从事复杂工作，也不管是从事重要工作，还是从事一般性工作，其地位都是平等的。只有理解了这一点，才能客观地看待自己劳动的岗位，愉快地服从组织分配的任何工作，在本职岗位上建功立业，用辛勤劳动实现"我的梦"进而助推"中国梦"的早日实现。

（二）充分认清劳动与财富之间的关系

劳动不但创造着有形的物质财富，也在创造着无形的精神财富，劳动不但在丰富物质生活，同时也在塑造着劳动者的精神世界。正确的劳动观既重视物质财富的产出，又重视精神财富的产出，既重视物质上的回报，又重视精神上的满足。树立正确的劳动观，就应该把国家利益和人民利益放在首位，以集体利益为重，自觉强化奉献意识，用辛勤劳动书写报效祖国的忠诚。

（三）坚信劳动价值，养成热爱劳动的良好习惯

劳动是人类的本质活动，劳动光荣、创造伟大是对人类文明进步规律的重要诠释。青年作为我国社会主义事业建设的栋梁和希望，要确实践行劳动观，不断充实自我。作为新一代青年大学生，只有牢记使命、不忘初心，对工作保持一如既往的干劲儿，才能永葆奋斗品质，为祖国建设添砖加瓦，为实现中华民族的伟大复兴和现代化强国贡献力量。

第三节　弘扬劳模精神

一、劳模精神概述

劳模精神体现着人民群众的劳动态度，传承着中华民族热爱劳动的传统美德。

（一）劳模与劳模精神

1.劳模

评选劳模使劳动者能够看到典型、生动的形象，使广大劳动者树立信心、坚定意志。劳模是时代的特色音符，谱写着时代的建设之歌。他们在形象上是普通人，品质却是伟大的；生命是有限的，但精神却是永恒的。他们可以由党中央、国务院授予全国劳动模范的称号，也可以由省委、省政府根据本省的情况，评选授予省劳动模范和省先进生产者。同样的，各市、县区产生各自所辖范围内的劳动模范。

2. 劳模精神

劳模从根本上说是一种精神，通过劳模的展现，既体现了劳动的本质，又体现了劳模的先进性，是推动劳动向前发展的精神力量。劳模精神脱离不了劳动和劳动者，它在劳动中产生，并通过劳动者来生动地展现。劳模精神是一种先进的精神，体现出人本质的光辉和优秀的潜能。劳模精神是伟大的，推动了历史的进步。劳模精神中顽强拼搏的进取精神、自强不息的高贵意志是做好本职工作、成就自我的根本。伟大的事业需要伟大的人民，伟大的人民需要伟大的精神，伟大的精神鼓舞伟大的人民，伟大的人民创造伟大的事业，三者之间缺一不可，相互促进。劳模精神的实质就是要通过诚实劳动为人民创造美好的生活，为国家开创崭新的局面，这是中华民族几千年发展历程中最伟大的总结。

（二）新时代劳模精神的内涵

1. 爱岗敬业

爱岗敬业是劳模精神的重要内涵。首先人们要清楚爱岗敬业的概念，爱岗敬业的本质含义是指人们对待职业的一种责任心和敬畏态度，深层内涵则可上升为吃苦耐劳、任劳任怨、精益求精的可贵品质。以往人们对敬业精神的认识往往局限于职业道德和职业伦理的范围，认为爱岗敬业精神就是一种对职业的热爱、虔诚、敬畏的态度，以及忠于职守、无私奉献、精益求精的精神状态。其实，爱岗敬业精神有着更加深刻的文化内涵，尤其是与人的存在和发展、社会的和谐稳定，甚至国家的前途具有内在关联。爱岗和敬业，互为前提，相互支持，相辅相成。爱岗是敬业的基石，敬业是爱岗的升华。这些足以显现爱岗敬业在劳模精神中的价值内涵。

爱岗敬业的精神是社会职业道德的基础和核心。爱岗，就是热爱本职工作；敬业，是爱岗的升华，是对工作的一丝不苟，高质量地完成工作；奉献，就是给予付出，不计得失，为社会和他人服务。爱岗、敬业、奉献，是普通而崇高的道德情操。在普通的岗位上，默默无闻地付出爱心和耐心，从平凡的工作中找到一种蓬勃向上的精神力量。劳模精神映照的就是这样一种催人奋发的精神与动力。

2. 艰苦奋斗

劳模精神是一股先进、积极、进取、向上的伟大力量，劳模精神能够鼓舞人、催人奋发，是带动人们奋斗拼搏的一种力量。艰苦奋斗的精神是中国工人阶级伟大品格的发扬，也是劳模精神不断吸纳新能量的结晶。大力弘扬劳模精神，是对中华优秀传统文化最好的继承和弘扬，也是对我党一贯倡导的革命传统和社会主义建设时期的艰苦创业、奋勇拼搏精神的继承和发扬。时刻不忘继承中国工人阶级的优良传统，发扬劳模精神，这是中国共产党总结革命、建设、改革开放时期的劳动概括出来的一条十分宝贵的经验，也是党在领导人民实现中国梦的征程中必须始终坚持的一条基本原则。新时代呼唤新的大批劳动模范的涌现，呼唤弘扬伟大的劳模精神，需要我们在全社会大力弘扬艰苦奋斗精神。

艰苦奋斗是劳模精神的要求。劳动模范是劳动群众的杰出代表，就要在工作中积极奉献、努力拼搏、争创一流，这是伟大时代精神的生动体现，也是劳模精神的优良传统。这一传统催发了广大工人阶级的工作热情，坚定了工人阶级的信念，为我国的繁荣富强贡献了伟大的工人力量。

3. 勇于创新

创新在劳模精神的发展过程中具有重要的作用，它推动着劳模精神不断发展、与时俱进。同时劳模精神作为创新的动力支撑，推动着各项工作勇于创新，实现新的突破。每一名劳动模范都在自己的工作岗位上努力创新，用自己的劳动成果服务于人民、服务于社会。勇于创新是劳模精神的内涵，是劳模精神的组成部分。

勇于创新是马克思主义的实践向度和理论品格。创新是人类特有的活动，是作为拥有智慧的高等生物有意识的创造性实践，这种创新实践的目的是实现人的自由全面发展，推动社会变革与发展。从付出上看，与一般的实践活动相比，创新是一种更高级形式的实践活动，需要人投入更多的时间和精力，不仅需要耗费更多的脑力劳动，还伴随着大量的体力劳动的消耗；从产出上讲，创新所创造的财富更多，带来的经济价值也更大。不仅如此，创新活动还能促进并实现人的全面发展，凸显人的本质力量。

科技驱动发展是我国的发展战略。它一方面汲取了马克思、恩格斯、列宁的科技创新思想，另一方面在不同的时代背景下，结合中国客观实际，发展了科技创新思想。我国的科技发展战略一脉相承，又根据时代发展的要求开拓进取、锐意创新。新时代科技发展战略是马克思主义中国化的最新理论成果。改革开放以来，具备创新、创造能力成为劳模的目标和方向。勇于创新、敢于创造已经成为当代中国劳模精神的关键内容和核心内涵。

4. 淡泊名利

淡泊名利是中国传统名利观的集中体现，是中华民族传统美德。淡泊名利是中国劳模固有的精神境界，涵养着当代中国劳模精神。劳模从登上中国历史舞台起，就拥有着淡泊名利的精神境界。共和国首批劳模时传祥，受到毛泽东、刘少奇、周恩来等党和国家领导人的接见。头顶光环的时传祥没有因此骄傲自大，他依然在淘粪工的岗位上兢兢业业、勤奋工作。全国劳动模范、全国道德模范袁隆平，也是淡泊名利的榜样。袁隆平把全部精力都放在了杂交水稻上，放在了解决中国人的吃饭问题上，并且把杂交水稻的专利权无私地捐赠给了国家。但袁隆平仍然身穿 35 元的衣服，泡在水田里默默耕耘。劳模袁隆平让我们感动、令我们尊重和推崇的，除了敬业奉献的情操和爱国爱民的情怀，还有他淡泊名利、宁静致远的精神境界。

当今整个中国社会的现代文明程度有了明显提升，人民的思想道德素质有了显著提高。正确的名利观铸就高品位和高格调的人。新时代，要学习继承老一辈劳模谨守本分、淡泊名利的精神境界，甘于寂寞、淡泊自守、不求闻达的豁达态度，弘扬当代中国劳模精神。

5. 甘于奉献

劳模精神的另一内涵就是甘于奉献。每一个劳动模范都甘于奉献、勇于担当，并把这一准则作为自己在工作岗位上的行动指南。甘于奉献诠释了劳动模范不辞辛苦、甘愿付出的大爱，体现了劳动模范不求回报、不为名利的社会主义现代化工人的精神品质。

有哲学家说过：追求真理的勇气，相信精神的力量，乃是哲学研究的第一个条件。精神的伟大和力量是不可以低估和小视的。甘于奉献是一种精神，更是一种力量，二者合一，构成了劳模精神的内在动力。人可以在满足自己的需要之后实现更大的价值，就是为社会、他人服务。劳模精神就是要营造这样的氛围，在这样的文化氛围之中催人奋进，实现个人更大的社会价值，使每个人拥有为人民服务的精神。

甘于奉献是劳动模范的优良传统。劳动模范把这一传统发扬、传承，运用到工作和生活之中，形成了"人人为我，我为人人"的良好风气，推动着劳模精神的形成。

甘于奉献是行动的指南，需要处理好大我与小我的关系。实现小我、成就大我，这其中有一个取和舍的关系。当人们面对问题、遇到挑战，需要奉献与付出时，能否舍弃小我、实现大我，能否给予别人帮助？当在工作岗位中遇到困难没有人能够承担，在危难关头没有人能够站出来时，就需要一种力量、一种精神，即无畏困难、舍弃小我、成就大我的奉献精神，这是劳动模范的特有精神。甘于奉献的精神蕴含在劳模文化之中，也是劳模精神的重要组成部分。甘于奉献在劳模精神中是一种潜移默化的持久力量，蕴含着强大的动力，让人更加热爱劳动。奉献精神在我们当今的社会发展中尤为可贵，在思想和意识形态多元化、信息多样化的背景下，市场经济的发展使每个人都很独立，很少有人愿意去分担别人的职责，去关注和自己没有关系的事情，奉献精神无疑是使社会发展回归正轨的一剂良药。弘扬劳模精神就是要把劳模精神的内涵发扬光大、把劳模精神的价值放大，让人们知道劳模精神对当今社会发展的有利作用，具有培养人、塑造人的价值。甘于奉献蕴含在劳模精神中，激发了劳模精神的生机活力。弘扬甘于奉献的精神就是对劳模精神的最好诠释。

甘于奉献的精神是一种态度，是一种责任担当，要不断打磨自己，增强自信心，因为自信可以激发生命活力，是支撑生命的重要力量。甘于奉献的精神需要真正的自信，不是自以为是、刚愎自用。自信能激励一个人对待工作的热情，在工作中变得自强、自立、自爱。甘于奉献的精神是一种实力，是人有所作为的基本要素。甘于奉献的精神蕴含着一种聚焦功能，是战胜困难、推动事业发展的基石。要成就一番事业，就要勇于担当、甘于奉献，拿出激情所能赋予自己的全部力量去有所作为。甘于奉献，意味着忠于事业、信守承诺、矢志不渝、艰苦奋斗，是勇敢品质和责任意识的统一。甘于奉献表现为不求回报、甘于承担、勇于作为。劳动模范身上有一股干劲，有一种要把工作做到位的责任态度，在困难面前毫不退缩。只有勇于奉献、愿意付出才能体会人作为社会的有机体的价值。这也是奉献精神的本质。

甘于奉献，肯吃苦、做难事才能有所作为。甘于奉献是一种可贵的品格，不是没有标准、没有道理、不守规则的奉献。甘于奉献是面对困难问题不退缩、面对责任敢承担、在危难时机敢出头的奉献，是敢于承担、愿意付出的行为，是一种大爱，是高思想、高境界的体现，这种奉献是对劳模精神最真的诠释。甘于奉献的精神实质是关键时刻敢作为的责任意识。

甘于奉献的精神就是要有作为、敢承担、能吃苦、善做事。甘于奉献的精神体现在一代又一代的劳动模范身上，他们在自己的工作岗位上兢兢业业、一丝不苟，忘我地工作，他们为了工作、为了国家敢于献出宝贵生命，为了伟大事业敢于牺牲自我。劳动模范身上都具备不服输、敢作为的特点，这也体现了劳模精神的内涵。

二、劳模精神融入高校中的实现路径

（一）坚持"双主体"育人原则，强化思想政治理论课建设

在劳模精神融入高等院校思想政治教育教学实践活动过程中，教育者和当代大学生同为主体，大学生在接受教育的同时才能够发挥自己的主观能动性，在接受教育的同时进行自我教育。自我教育，主要是指作为大学生群体在教学实践过程中，以自身接受的教育信息和内容，通过学习和交流对其他成员进行"劳模精神"的传播和交流，从而由教育客体转换为教育主体。强化思想政治理论课建设要求思想政治理论课（以下简称"思政课"）教师在劳模精神教学实践过程中充分发挥主体作用，用正确的教学方法和丰富的理论课程内容正确引导大学生，使其学会积极主动思考，使劳模精神相关课程内容内化为正确价值观塑造力量，外化为文化交流和传播的积极行动。

一方面，重视教师队伍建设，发挥教师主体引导作用。发展教育事业是实现中华民族伟大复兴中国梦的基础工程，教育事业处在优先发展的位置。教师是教育活动的主体，发挥着重要作用。党的十九大报告指出要加强师德师风建设，培

养高素质教师队伍，倡导全社会尊师重教。劳模精神融入高校思想政治教育，通过劳模精神教育可以加强教师队伍建设，强化教师队伍的责任意识、敬业意识和大局意识，使教师队伍成为一支德艺双馨、发挥教育引导作用的合格工作队伍。将劳模精神融入高校思想政治教育，思政课教师在参与实际教学过程中是教育主体。因此，思政课教师对劳模精神理解、掌握程度以及自身理论水平直接决定着学生对劳模精神的认知，决定劳模精神德育功能是否可以正常发挥。

另一方面，充分调动大学生的积极性，加强自我教育。教育家苏霍姆林斯基指出，真正的教育乃自我教育。德育育人的过程也是大学生由教育客体向教育主体转变的过程。作为教育客体的当代大学生，要自觉接受劳模精神为主要内容的思想政治教育，领悟劳模精神内涵，抓住劳模精神学习要点，拓展劳模精神学习领域，不断完善自我，提升自己的人生修养，树立正确的人生观和价值观。思想政治教育贯穿大学生生活全过程，大学生在自我提升的同时也影响着周围的人，从而实现由教育客体向教育主体的转变。

（二）重视劳模精神的教育价值，丰富高校思想政治教育的内容

将劳模精神融入高校思想政治教育的内容，并不是机械地把劳模精神强加在高校思想政治教育中，而是要深刻审视劳模精神对丰富高校思想政治教育内容的重要性。一方面，要充分阐释劳模精神的理论内涵，深入挖掘劳模精神的时代价值，丰富劳模精神自身的内涵，这是将劳模精神融入高校思想政治教育内容的前提。另一方面，要把劳模精神融入高校思想政治教育内容进行全国推广，切实在更大的空间上体现劳模精神的重要性，切实在高校思想政治教育的理论与实践中彰显劳模精神的教育价值。除此之外，要把劳模精神的传播与社会主义核心价值观的宣传、社会实践活动等结合起来，充分让劳模精神的教育价值"活"起来，从而真正彰显劳模精神在高校思想政治教育内容中的重要性。尤其是要深刻领悟劳模精神在立德树人方面的重要性，凸显高校思想政治教育内容的深刻性。

（三）加强校园文化建设，把劳模精神融入高校各个环节

校园文化是以校园为空间，以教师、学生为文化传承创新的主体，以精神文化为核心，并与物质文化、制度文化、行为文化相统一的具有时代特征的一种群

体文化。劳模精神融入高校思想政治教育是通过加强建设校园文化这个着力点，把劳模精神主题教育融入高校的各个环节。多措并举，以弘扬劳模精神为核心，以改善校园整体环境为重点来加强校园文化建设。校园文化具有文化育人的功能，可以潜移默化地影响人。高等院校是弘扬劳模精神、加强劳动教育的主阵地，所以，把劳模精神融入思想政治教育，就要开展多种形式的教育教学活动促进校园文化建设。

第一，通过学校硬件设施建设，加大劳模精神宣传力度。改善学校硬件设施建设是加大劳模精神宣传力度的重要方式。例如，增加各学院文化宣传专栏、建设适当的文化长廊、建设特色建筑和文化景观等硬件设施都可以使劳模精神渗透到师生的日常学习生活当中去，让劳模精神通过校园环境的改变而深入人心。

第二，完善教育机制，使劳模精神教育常态化。完善劳模精神德育教育机制，努力促使劳模精神教育制度化、常态化。制度文化是校园文化的重要组成部分，可以通过制度文化来实现劳模精神教育与规章制度相结合，规定教育客体接受劳模精神教育。健全教育机制，为劳模精神融入高校思想政治教育提供制度支持。劳模精神教育和主题党日活动相结合，在保证劳模精神教育正常开展的同时提供制度保障。通过制度保障，让劳模精神教育成为日常行为。另外，高校的相关院系，尤其是人文社科类专业要高度重视弘扬劳模精神、加大师资投入、提升教师综合素养，为劳模精神教育顺利开展提供有力保障。

第四节　弘扬工匠精神

一、工匠精神的时代内涵

工匠精神必须与时俱进，富有时代内涵，在传承传统工匠精神优秀品质的基础上持续发展。当代中国工匠精神是在充分适应现代生产力和生产关系后形成的一种精神气质、道德要求及价值取向，且与社会主义核心价值观所倡导的爱国、敬业等价值观具有统一性。这种时代风貌和文化内涵不仅对中国进一步提升劳动者素质、实现高质量发展大有裨益，也因其先进性和实践性而具有世界意义。

（一）工匠精神是自觉自愿的敬业

敬业是建构工匠精神必不可少的要素。可以说，世界上没有不敬业的精工巧匠。敬业是十年如一日兢兢业业的工匠态度，是对自己职业工作选择的尊重，是始终对工作抱有敬畏之心的慎独慎微。工匠态度不是"凡事差不多"的得过且过、合格就行，更不是马马虎虎的随便糊弄。不管工作性质简单还是复杂，工匠们始终能够以最朴实的心态恪尽职守地面对工作。工匠的工作责任心并不以生存需要为根本目的，敬业的工匠必定有着很高的职业使命感和荣誉感，这是一种超出物质回报的责任心。合格的工匠之所以对自己的职业有着崇高的责任感，是因为他们坚信自己的职业工作有着不同寻常的意义和内涵。责任是工匠的灵魂，责任也是每个匠人必须恪守的义务。

工匠对于责任的追求会升华成为工匠信仰。在这种状态下，工匠和职业本身处于人与事、手与心、工与艺的高度融合之中。工匠信仰突破了个人价值追求，已经上升到为集体、为社会乃至为人类的高度敬业。

（二）工匠精神是脚踏实地的专注

对于工匠来说，利用有限的时间和精力去无止境地追求极致和完美是一个永恒的命题，专注是通往极致的唯一正途。工匠精神的专注包含实践性、专一性、前瞻性三个要求：

第一，实践性。实践性就是专注过程中的亲力亲为，脚踏实地地去实践。专注不只是停留在头脑意识中的注意力，还要外化成具体的行动，将眼前最实际的问题和困难作为出发点，逐步实现远大目标。例如，为解决世界粮食问题作出关键贡献的袁隆平院士，就是带领团队在试验田里专注于解决每一个具体的小问题，才不断地创造了一个又一个水稻亩产的世界纪录。

第二，专一性。专一性就是专注过程中持续努力、坚忍不拔的钉子精神。比如，雷锋精神正是雷锋同志作为一颗普通"螺丝钉"坚持常年努力工作而彰显出来的一种钉子精神。

第三，前瞻性。前瞻性就是根据自身实践和持续努力而对事物发展前景所形成的远见卓识。对未来的前瞻性专注体现出工匠们对环境变化和事物发展规律的清醒认识。缺乏前瞻性的专注带来的可能是画地为牢的负面效应，比如，曾经如日中天的柯达公司就是过于专注传统胶卷业务而错过了影像数码化的浪潮，使得公司从行业霸主的地位跌落下来。如果无法对未来发展趋势给予充分思考和准确评估，那么此时的专注或许就是"奋力跑向相反的方向"。

（三）工匠精神是重复基础上的创造

工匠的创新通常不是随机的灵光乍现，也不是少有的几次划时代技术变革，而是匠人们日复一日地对自己专精领域的反复摸索和改进。第一，重复是基础。成功的运动员要为一个动作进行成百上千次的练习，合格的飞行员在上岗之前必须在飞行模拟器上进行长时间练习。这和《卖油翁》描写的"无他，惟手熟尔"的含义一致。只有重复的次数达到一定的要求之后，工匠才可能对现有的问题和不足有着更为深刻与透彻的认识，才可能"守拙维新"。第二，创造性重复并非呆滞无神的"匠气"，如果只是追求不出错，那就形成不了创新创造。重复虽然能带来大量的经验和对事物的细致认知，但是也会让人陷入思维定式的束缚当中。工匠需要在重复过程中对原有的认知和经验的局限性进行思考和创新，对自己原有的技艺和经验进行批判。创造性重复最忌讳安于现状和止步不前的状态。屠呦呦团队在攀登人类药学高峰的路上经历了无数次试验失败，但正是在不断的失败中坚持思考和调整前进方向，最终取得了重大发现。由上可知，重复的过程包含"破"和"立"，"破"是对重复性工作不断有新的认知和扬弃，而"立"就是在发现问题和不足之后进行创新创造的过程，二者之间相辅相成。创造性重复是一种工作态度，要求有先破后立的果敢和不破不立的创新意识，两方面缺一不可，共同构成了工匠精神的重要内容。

（四）工匠精神是匠心独运的求美

准确理解工匠精神的时代内涵，要避免以下常见误区：

1.将工匠精神贵族化

当下，许多人谈到工匠精神时不免会陷入"昂贵才能体现工匠精神"的逻辑之中，片面认为产品或服务的高端、高档、高价才能体现工匠精神。诚然，从某种意义上来说，要体现工匠精神，物质和时间上的更多投入确有必要，可这并不是工匠精神的全部意义所在，更不是"以质挟价"或是"以技挟价"的筹码。曾经热卖的章丘铁锅，因为坚持纯手工打造而无法提升产能，面对长期一锅难求的状态，章丘的工匠们没有选择涨价，也没有选择见利忘"质"，而是将产品暂时从淘宝店下架，并等到库存回升之后再开始售卖。新时代的工匠精神应该是大众化的，是能够"飞入寻常百姓家"的，是一种平易近人的追求高品质的精神，而不是小众的或贵族化的。

2. 将工匠精神的主体窄化

工匠精神虽然起始于手工艺人，但是其所讨论的范围早已不限于手工业。优秀手工艺人的工作习惯不等于工匠精神，工匠精神也仅仅是"工匠"这一群体的精神。劳动者不可能人人都去从事手工业或者制造业，但是，工匠精神作为一种优秀的精神品格是值得所有劳动者学习和发扬的。在实施主体上要突破"工匠"这一具体的社会阶层，就要把工匠精神升华到民族精神层面上予以培育。例如，"不忘初心，牢记使命"就是对共产党执着伟大事业"匠心"的行动诠释。对于不同的个体和民族以及不同时空和地域的人们，工匠精神会呈现出许多不同的形态，要从提升各行业劳动者、各阶层建设者素质的角度来理解工匠精神，做到全覆盖。

二、工匠精神的践行路径

国产大飞机的成功研制，"蛟龙号"在马里亚纳海沟创造的下潜深度世界纪录，"地壳一号"万米钻机的成功研制和应用等，这些创举意味着当代中国工匠精神正在焕发蓬勃生机。开天辟地、敢为人先、执着进取的优秀传统文化为当代工匠精神的践行提供了良好基础，用工匠精神武装劳动者、激励青年人对推动我国高质量发展有着积极意义。

（一）以工匠精神彰显价值标准

工匠精神本来就是一种价值标准的彰显。政府和社会需要为弘扬工匠精神建立起正向激励的市场机制，这种机制的建立依赖于工匠精神彰显社会价值标准的各类政策。除了需要加强对违反工匠精神行为的监管力度之外，还需要大力倡导那些符合工匠精神内涵的市场行为和生产活动，通过奖励个人、企业减负等措施来引导工匠精神的践行。例如，《中共中央国务院关于开展质量提升行动的指导意见》和《中国制造 2025》对着力推动质量变革已有明确要求，《关于提高技术工人待遇的意见》提出要全面加强对高技能领军人才的服务保障，提高其政治待遇、经济待遇、社会待遇水平等，这些都有助于在国家、社会和个人层面彰显工匠精神对价值标准的积极作用。

（二）筑牢工匠精神的法治基础

当前，如果仅靠道德文化对人进行感染和教化，工匠精神这个概念就会因缺乏践行基础和实施氛围而过于虚无缥缈。法治能够让弘扬工匠精神变得更加严肃，除了在道德上的规则约束之外，法治化规定了具体技术标准。技术标准的设定与产品质量提升有着密切联系，偏低的标准往往造成市场鱼龙混杂，整体质量难以提升，缺乏国际竞争力；而略高于国际水平并能得到有效执行的技术标准则有助于整个行业的质量改进。例如，中国的电热水器、电压力锅、豆浆机的安全标准以及纸制品卫生标准均高于国际水平，就很好地树立了中国制造的形象。但目前行业标准的法律地位偏低，不具备执法权。未来可令其具备相应的强制约束力，以引导行业企业践行工匠精神，不断提升质量水平。

（三）持续推进工匠精神的大众化

通过普及化、大众化来形成凸显工匠精神的"工匠氛围"，这对于践行和培育工匠精神是一个不错的选择，它包括以下三个层次：

1.教育养成

工匠精神的实质是一种优秀品德，因此，"工匠"的德育是十分有必要的。可尝试在高等学校建立具有中国特色的"工匠通识课"，潜移默化地培育精益求精、脚踏实地及专注执着等优秀的道德品质和行为方式。通过手工劳作课或其他形式的实践课程来增强学生的实操技能与劳动素养，构建将社会实践和理论学习深度结合起来的"二合一"人才培养模式。还可以在思想政治教育课中融入工匠精神的有关内容，通过对人生观、价值观的引导和民族自豪感的培育以及对劳动的喜爱与尊重等来让学生群体对新时代工匠精神产生价值认同。

2. 生活融入

劳动者除了在职业工作中要践行工匠精神之外，在生活中同样要体现工匠精神。想要在日常生活中普及工匠精神，人们就要培养工匠气质。工匠气质的培育必须从生活中的日常行为和对细节的重视开始，比如，在大学生中培养守时观念和认真负责的精神等。总之，工匠精神的生活化就是强调所有人都应该注意细节，反对工作与生活中的"不拘小节"，努力将新时代"工匠习惯"和现代"工匠气质"融入民族基因之中。

3. 全球视野

全球视野这一要义在于宣传中国工匠价值观，传播好中国工匠声音，阐释好中国工匠特色。我们可以从两个不同的角度去实践。第一，讲好中国"工匠故事"。我国近年来也开始通过影视媒体为中国工匠代言，央视拍摄的《大国工匠》《我在故宫修文物》《大国重器》等系列影片都很好地推广了中国工匠精神。第二，利用"全球货物贸易第一大出口国"这一强大优势，以印着"Made in China（中国制造）"的优质商品和优质服务为载体，充分发挥我国制造业现有的规模优势、产品生态优势来快速改变世界对中国制造原有的"低端形象"的印象，通过高品质产品的大量出口来塑造我国的工匠形象。

总之，从传统文化中的"神农尝百草""愚公移山"到当代的"钉子精神""'两弹一星'精神"，都蕴含着彰显中国智慧的工匠精神，也是当下中国精神的重要组成部分，是我们宝贵的文化财富。新时代工匠除了对事业、技艺和人生的不懈追求之外，他们具有的爱国情怀、团结向上和为社会无私奉献的精神，让中国特色的工匠精神显得更富有魅力和感召力，为实现我国的高质量发展并早日建成社会主义现代化强国提供动力支持。

第三章　高校劳动实践的教育

本章为高校劳动实践的教育，分别对日常生活劳动实践、社区劳动与志愿服务实践、参与勤工助学、积极参加社会实践几方面内容进行了详细的叙述。

第一节 日常生活劳动

一、生活技能型

落实劳动教育，也需要重建劳动课程。校园是我们生活、学习、休息的重要场所，干净整洁的校园环境体现了师生的精神面貌与个人素质，关系到广大师生的身心健康。学会宿舍、教室、餐厅等生活环境的整理技能，有利于规范学生作息，使之形成良好的习惯，有利于学校将创建文明与养成教育、学风建设相结合，为大学生营造舒适、整洁的学习和生活环境。

（一）宿舍卫生

随着高校宿舍条件的不断改善，大学生在宿舍的时间越来越长，宿舍已成为他们日常生活、学习的重要场所。以宿舍为阵地开展大学生劳动教育具有一定的基础优势。劳动教育方式，将学生主体融入宿舍阵地，充分调动了学生的劳动积极性，营造出了健康的宿舍氛围与环境。

1.宿舍卫生自查活动

（1）检查形式

①院级检查：由学校与二级学院联合开展，采用固定时间与随机抽查相结合的形式。

②班级自查：由院级学生组织，联合二级学院学生组织各班级开展。

（2）宿舍卫生检查体系

检查得分 90 分以上的是较好的宿舍，80～90 分之间的是一般宿舍，80 分以下的是有待提高的宿舍。

2.高校宿舍文化节

宿舍文化节，又称"寝室文化节""公寓文化节"，是大学校园内举办的大型活动之一，用以丰富大学生校园文化，促进大学寝室的和谐与和睦。宿舍文化节主要由校学生会等与宿舍相关的学生组织或部门组织举办。随着时代的改变，其活动形式和内容正在发生巨大改变，并得到完善和充实。学生宿舍是同学们在校学习、生活的重要场所，是"三全育人"的重要阵地，是校园文明的重要名片。开展宿舍文化节，可以让学生在积极参与、真情投入中，发挥聪明才智，增进友谊，增强集体荣誉感。

学生寝室是校园文化的窗口，作为大学生的基本群体组织具有独特的功能和影响。寝室成员长期共同生活，在生活方式、学习态度、行为规范、价值理念和理想信念上相互影响，会由此形成独特的寝室文化。举办宿舍文化节旨在展现丰富多彩的大学生活，体现积极向上的精神风貌，培养同学们的动手创新能力。宿舍文化包含深刻的内涵，拥有多样的形式，对提高学生的文化修养、综合素质等可以起到感染熏陶、潜移默化的作用。

（二）教室卫生

教室是高校传播知识的重要场所，一个文明的课堂有利于通过教育使学生获得知识。良好的学风，文明的课堂，离不开每一位同学的自觉维护。

1. 文明教室倡议书

（1）不把食物带进教室，主动清理抽屉垃圾。

（2）以爱护教室环境为己任，自觉维护教室的清洁卫生，做好值日生工作。

（3）保持教室安静，不喧哗、嬉戏或高声朗读妨碍他人学习。

（4）不在教室内吸烟、随地吐痰。

（5）上课前，确认讲台、黑板是干净整洁的，给老师一个舒适的上课环境。

（6）进入教室后，将手机关机或调为振动状态，轻声走路，轻声就座。

（7）节约用电，离开教室时，关闭门窗、电灯等设施。

（8）尊重管理人员的劳动，并服从他们的管理。

2. 教室卫生要求

（1）保持室内清洁，定期清理，擦拭地面、桌面、门窗、玻璃和黑板，保持室内空气新鲜。

（2）地面每日拖扫干净，保持光亮、清洁、无尘。教室内无痰迹、水果皮、瓜子皮、纸屑等。

（3）教室内的桌椅无刻画涂写现象，并摆放整齐，不践踏、损坏桌椅，爱护多媒体器材、电视、灯具、暖气片。

（4）墙上无蜘蛛网，无乱贴乱挂、乱涂乱画现象，无脚印、墨迹、颜料等污迹。

（5）教室内无乱拉电线等现象。

（6）教室内清扫工具整齐规整地统一堆放于一角。

3. 教室卫生自查标准

教室卫生按地面 40 分，桌椅卫生及摆放 25 分，墙壁、风扇、黑板 15 分，门窗 15 分，卫生洁具 5 分，进行评分，共计 100 分。

（1）教室地面（共计 40 分）

①地面清理不干净的，减 5～10 分。

②有碎纸和其他废弃物的，减 5～20 分。

③垃圾未倒的，减 10 分。

④未打扫的，减 40 分。

（2）教室桌椅卫生及摆放（共计 25 分）

①抽屉内有废弃物的，减 3～15 分。

②桌椅摆放不整齐的，减 10～15 分；计分减完为止。

（3）墙壁、风扇、黑板（共计 15 分）

①电风扇有灰尘的，减 2 分。

②内墙壁有污迹或表面有蛛网的，每处减 2 分，最多减 4 分。

③讲台未擦干净的，减 2 分。

④黑板未擦干净的，减 3 分；黑板未擦的，减 5 分；计分减完为止。

（4）教室门窗（共计 15 分）

①教室大门（包括前后门）未擦干净的，减 2 分；未擦，减 5 分。

②一个窗台未擦干净，减 1 分。

（5）卫生洁具摆放不整齐、位置不固定的，减 2 分；卫生洁具不齐全的，减 3 分。

（三）食堂督导

食堂是学生们重要的就餐场所，食堂卫生状况与校园生活品质息息相关，加强食堂卫生督导，可以为学生提供一个相对客观的卫生参考标准、增强学生们的自主管理意识。

1.食堂卫生标准

（1）地面、桌面、坐凳、电器设备、窗、墙壁等保持整齐、清洁。

（2）餐厅通风好、光线好，就餐环境舒适。

（3）防蝇、防尘设备齐全，餐厅内无乱贴乱挂现象。

（4）餐具、盛具清洁卫生，有防蝇罩，售饭台和洗碗池清洁卫生，门帘及时清洗。

（5）卫生工具存放统一整齐，窗台及墙角不随便摆放杂物。

（6）周围环境卫生区无杂草、杂物，无卫生死角。

（7）周围墙壁无乱贴乱画和乱搭乱挂的现象。

（8）操作台干净卫生，各种炊具摆放整齐；生熟食品分开，并有明显标记；用过的餐具一洗、二刷、三冲、四消毒、五保洁。

（9）冰箱、冰柜、消毒柜由专人管理，冰箱、冰柜每周定期除霜，生熟食品分开存放，柜内无异味。生菜上架，摆放整齐。水池保持清洁，素池荤池分开，上下水道畅通，排水沟无垃圾、无异味。

2.食堂卫生督导行为规范

（1）检查前

①检查时间由小组成员共同商定，并避开食堂就餐高峰期。

②组长在检查前一天领取检查表、工作证和小红帽。

检查人员严格对待每次检查，原则上不允许请假。若确实时间上有冲突，可以与其他检查人员换班。

（2）检查时

①检查人员必须佩戴工作证和小红帽。

②检查人员要着装整齐，不可穿拖鞋，不可披头散发。

③检查人员必须态度端正，恪尽职守，熟知相关检查项目和要求，严格按照

检查表进行评分。

④发现违规行为，必须拍照取证，保留第一手资料。

⑤检查时尽量避免与商家发生冲突，若遇到食堂人员不配合等情况，尽量要求食堂管理员协调处理，对不配合的据实记录并反馈给学院。

⑥若发生商家贿赂或威胁等情况，需立即将情况告知相应食堂管理员。

（3）检查后

①对检查时发现的违规行为（已拍照取证的违规行为）进行扣分。评分时只记满分与0分。

②组长按照样板整理好扣分项目及照片，在指定的时间内将文件发送给相应的管理部门。

生活技能型劳动教育的价值在于使学习者具有更好的决策力，增加积极参与和取得个人成就的能力。青年成长是一个心理、生理和情感成长的过程，在这个非常重要的时期，教师、家长等有责任通过指导，帮助学生获得良好的生活技能，使之在学习、生活和工作中取得成功。

二、绿色环保型

生态环境保护是功在当代、利在千秋的伟大事业。保护环境，人人有责。绿色环保型劳动技能教育，有利于构建优美的校园环境，形成良好的教育氛围。大学生要有环境保护的责任感和紧迫感，要将保护环境的道德观念内化为自觉行动，养成自觉保护环境的习惯，并积极主动地宣传环境保护和可持续发展的思想。

（一）垃圾分类

垃圾分类是中国特色社会主义生态文明建设的重要内容，是一个国家文明程度的重要体现。高校既是人才培养的重要阵地，更是良好社会风尚的倡导者和精神文明的传播者。引导大学生将生态文明理念内化于心、外化于行，是新时代高校的生态责任。高校推行垃圾分类，既能使学生养成尊重劳动的习惯，也能节约学校资源，具有以下几方面的意义：

一是有利于节约土地资源。填埋是我国垃圾处理的主要方式之一，但填埋不仅占用大量土地，而且会污染土壤和地下水源，危及人们的身体健康。有效进行垃圾分类，能够最大限度释放空间，给人们提供舒适、健康的生活与学习环境。

二是有助于减少环境污染。焚烧处理垃圾占用土地较少，并且可以收集利用焚烧产生的热能，但是，垃圾不分类的焚烧会严重污染空气，危害人们的身体健康。

三是有利于资源的循环利用与可持续发展。垃圾中绝大部分可以回收利用、变废为宝。有效分类垃圾能够为经济社会提供更多的资源，推动经济发展和人民生活质量的提高。

四是有利于提升公众的环保意识。垃圾分类良好习惯的养成过程就是环保观念的形成、提升过程，也是公众遵守公共规则，履行公共责任行为的培育过程。

1. 垃圾分类标准

2019 年 11 月 15 日，国家住房和城乡建设部发布了生活垃圾分类标志标准，主要对生活垃圾分类标志的适用范围、类别构成、图形符号等进行了调整，共分为四大类，如图 3-1-1 所示。

可回收物　　厨余垃圾　　有害垃圾　　其他垃圾
Recyclable　Food Waste　Hazardous Waste　Residual Waste

图 3-1-1　四大类生活垃圾标志

2. 垃圾分类规范

（1）可回收物，是指适宜回收和可循环利用的生活垃圾，包括废纸、废塑料、废玻璃、废金属、废旧纺织物、废旧家具、废旧电器电子产品等。

（2）有害垃圾，是指对人体健康或者自然环境造成直接或者潜在危害的、应当专门处置的生活垃圾，包括废充电电池、废扣式电池、废荧光灯管、废药品、废油漆及其容器、废杀虫剂和消毒剂及其包装物等。

（3）厨余垃圾，是指易腐的生物质生活垃圾，包括食材废料、剩菜剩饭、过期食品、瓜皮果核、花卉绿植废弃物、中药药渣等家庭厨余垃圾，农副产品集贸市场产生的有机垃圾等。

（4）其他垃圾，是指除可回收物、有害垃圾、厨余垃圾之外的其他生活垃圾。

（二）无烟校园

高校学生吸烟不仅有损自身的健康成长，高校的校风、学风建设，也会影响文明社会的建设，并且带来许多不良风气。为了保护师生群体的身心健康，树立健康的生活理念和生活方式，提高广大师生对吸烟危害健康的认识，引导师生积极主动参与控烟、戒烟活动，努力营造健康、文明、优美、和谐的育人环境，因此高校需要进一步加强控烟治理工作。

1. 无烟校园的建设目标

无烟校园建设的目标问题，即如何治标与治本的问题。要以"预防为主，教育引领，标本兼治"为原则，以"防控有力，意识提高，环境整洁，校园安全"为目标，认真落实校园安全管理的各项措施，不断加强防烟、控烟工作的基础建设，全面落实安全管理的工作责任，扎实做好高校控烟治理工作。

2. 无烟校园专项督导

（1）广泛张贴或摆放禁烟标识

校园区域内应广泛张贴或摆放醒目的禁烟标识，具体位置至少包括校门口、教学楼门口、班级内、会议室、图书馆、食堂、卫生间、茶水间、走廊、楼梯、电梯等区域。标识要醒目、位置要明显。

（2）布置宣传栏及展板

可在校门口、教学楼门口处、班级内、会议室、图书馆、卫生间、走廊、楼梯、电梯等区域张贴无烟学校管理规定和控烟宣传海报，有条件的学校还可在校园、走廊、食堂等区域摆放展板。

（3）针对无烟校园专项督导工作

实行高校区域联防控烟检查机制进行区域联防检查，成立专项检查工作小组，由院校相关部门负责人、学生工作组组长、每日值班负责人、各班次值班志愿者组成，并做好记录与反馈。

3. 无烟校园倡议书

为进一步加强控烟工作，保护师生的身心健康，树立健康的生活理念和生活方式，我们发出如下倡议：

（1）树立"无烟校园，人人有责"的观念，主动宣传烟草危害知识，积极倡导健康文明的生活行为方式。

（2）从现在做起，遵守无烟校园的规定，营造健康、安全、和谐的校园环境，在校园内全面禁止吸烟。

（3）从身边做起，自觉拒绝烟草，树立吸烟危害自己及他人健康的理念，养成良好的健康卫生习惯和文明生活方式，为周围的师生做好戒烟的表率。

（4）从校园做起，积极劝诫身边吸烟的同事、同学戒烟，推行无烟办公室、无烟教室、无烟宿舍，共同携手创建无烟校园。

（三）低碳节能

在物质生活高度发达、科学技术飞速发展的今天，环境问题已成为世界关注的焦点，因为它严重影响着全人类的生存与发展。气候问题将会带来一些不可逆的影响，因此控制二氧化碳排放，缓解全球气候变暖，是人类得以生存与发展的内在要求和迫切需要。高校作为培养祖国未来建设者和接班人的摇篮，更应该为低碳而奉献，做更多的努力，践行低碳生活，节约能源，减少碳排放，主要表现为节约消费，追求低耗能、低污染、低浪费，崇尚适度消费、绿色消费，反对过度消费、奢靡消费和不当消费，从而直接减少资源消耗和环境压力。

低碳生活并不意味着刻意节俭，刻意放弃必要的生活享受，而是强调适时适度。我们在生活中多节约、不浪费，就是践行低碳生活。大学生应该充分利用学校资源，将节能观念传递给自己的家庭与身边更多的人，将低碳生活方式内化为一种责任、修养和品质，并将其外化为实实在在的自觉行动。在日常生活中，要尽量做到低碳环保，减少碳排放，具体建议如下：

（1）少用纸巾，重拾手帕；每张纸尽量双面打印；保护森林，节约资源。

（2）随手关灯、拔插头，根据实际需要选择空调功率。

（3）关掉不用的电脑程序，减少硬盘工作量；不要总是"宅"在寝室玩游戏，应该走出宿舍，走向操场。

（4）尽量少使用一次性牙刷、一次性塑料袋、一次性水杯，用不锈钢筷和竹筷代替油漆筷和一次性木筷。

（5）如果热水用得多，让热水器始终通电保温，因为保温一天所用的电，比一箱凉水烧到相同温度还要低。

（6）实验用品尤其是化学物品使用过后要回收。

（7）洗衣粉出泡多少与洗净能力之间没有必然联系，但低泡洗衣粉可以比高泡洗衣粉少漂洗几次，省水、省电、省时间。

（8）出行多坐公交、地铁等公共交通工具，路程较短时选择自行车出行，节能又方便。

（9）衣服多选棉质、亚麻和丝绸布料的；换新时，把旧的捐掉。

第二节　社区劳动与志愿服务

跨出校门，迈向社会，走进职场，开启人生新篇章，是许多大学生憧憬的生活。但校园与职场是截然不同的环境和文化，如何适应这一转变，顺利度过职业适应期，将是摆在每个大学生面前的现实问题。为了提高自己的职业适应性，需要大学生在校期间提前做好相关准备，做好学生角色到社会角色的转换，以便进入职场后能得心应手地展开工作。

一、社区劳动

（一）社区的概念与特点

社区的发展离不开经济与政治的发展。远古人类合群而居，群体的活动离不开一定的地理区域，具有一定地域特性的组织与场所就是社会群体聚居、活动的场所。随着社会的发展，从事农业生产的人口需要定居于某个地区，于是出现了村庄。自工业革命以来，人类社会进入了都市化的过程，出现了城市社区。

社区是若干社会群体或社会组织聚集在某一领域中所形成的一个生活上相互

关联的大集体，是社会有机体最基本的内容，是宏观社会的缩影。一个社区应该包括一定数量的人口、一定范围的地域、一定规模的设施、一定特征的文化、一定类型的组织。社区就是这样一个"聚居在一定地域范围内的人们所组成的社会生活共同体"。生活在同一个社区里的人有着较密切的社会交往。

（二）社区劳动的内容

大学生社区服务作为大学生社会实践活动的重要组成部分和大学生"志愿者"服务活动的重要形式，已经成为当前我国高校的一种常态，它为大学生了解社会、拓展素质、发挥文化知识优势提供了一个良好的平台，是培养和提高大学生社会责任感，促进大学生成长成才的重要途径。同时对社区日常管理建设、文化氛围的提高也有一定的促进作用。

大学生通常以志愿者或社工身份参与社区劳动，劳动的内容一般为打扫卫生、服务老人小孩、提供技术服务、科普宣传、文艺宣传、健康宣传、安全保障等。

二、志愿服务

（一）志愿服务的概念

志愿服务是指志愿者组织、服务社会公众生产生活和促进社会发展进步的行为，也泛指利用自己的时间、技能、资源、善心为他人提供非营利、无偿、非职业化援助的行为。志愿服务的主要特点有志愿贡献个人的时间及精力、不寻求任何物质报酬、为改善社会、促进社会进步而提供服务。我国志愿服务的范围主要包括扶贫开发、社区建设、环境保护、大型赛会、应急救助、海外服务等。志愿服务的功能有社会动员、社会保障、社会整合、社会教化、促进社会和谐、促进社会进步。

（二）志愿工作的特征

志愿工作具有志愿性、无偿性、公益性、组织性四大特征。志愿服务的精神是"奉献、友爱、互助、进步"。其中"进步"精神是志愿服务精神的重要组成部分。志愿者通过参与志愿服务，使自己的能力得到提高，同时也促进了社会的进步。

在志愿活动中无处不体现着"进步"的精神，正是这一精神使人们甘心付出，追求社会和谐之境的实现。

开展青年志愿者行动，一定要坚持自愿参加、量力而行、讲求实效、持之以恒的原则。

1. 自愿参加

自愿参加主要是强调参加青年志愿服务的自觉性。自愿参加是开展青年志愿服务活动的前提，只有"自愿"才能称其为"志愿者"，只有"自愿"才能持久。对于参加者而言，青年志愿者行动的魅力就在于它变"要我参加"为"我要参加"，充分尊重青年的主体地位，注重调动青年自身的积极性、主动性。

2. 量力而行

量力而行就是要根据自己人力、物力、财力条件允许的程度来开展工作。要研究服务客体，也就是要研究服务对象，搞清楚服务需求。现实生活中服务需求是多方面和多层次的，志愿服务一定要从共青团和青年的实际出发，从各地、各条战线、各个行业的实际出发，从社会需求的实际出发，把主观愿望和客观实际结合起来，把社会需求和服务能力结合起来，实事求是，量力而行，不搞一刀切。要分清什么是现在能做到的，什么是下一步才能做到的，什么是将来才能做到的，还有什么是做不到的。要循序渐进，逐步发展，切不可操之过急，否则欲速则不达。

3. 讲求实效

讲求实效，首先就是要办实事。青年志愿者行动的出发点和立足点，就是要上为政府分忧，下为群众解难，为社会、群众办实事。其次是要抓落实。面上的示范性的活动要搞，但工作重点是狠抓在基层的落实。青年志愿服务只有落实到基层，落实到具体人、具体事，真正成为基层广大青年的日常行为，才有生命力和发展前途。最后是求实效。求实效的集中表现就是在实践中使社会和群众体验或享受到志愿服务的成效。办实事、抓落实、求实效三者缺一不可。

4. 持之以恒

持之以恒就是指青年志愿服务要做到经常化、长期化。青年志愿者行动是一项跨世纪事业，必须以办事业的精神和方法来推进。开展志愿服务活动必须与建立多层次社会保障体系结合起来，必须着眼于建立中国特色的青年志愿服务体系，必须建立必要的机制以保障青年志愿者行动经常化、长期化、规范化、制度化；要健全组织，稳定队伍，建立基金，制定规章，形成机制，坚持长久；要保持工作和人员的相对稳定性和连续性。

三、社区劳动与志愿服务的技能要求

（一）社区劳动的技能要求

社区劳动的内容一般为打扫卫生、服务老人小孩、提供技术服务、科普宣传、文艺宣传、健康宣传、安全保障等。社区劳动主要面向校园周边社区或大学生个人所在的社区，学生一般以学校、班级、志愿者团队为单位参与劳动。主要劳动项目有：打扫社区卫生的志愿活动，敬老助残、救助弱势群体的志愿活动，环保知识及健康知识的宣传和讲座，爱心家教等有益社区儿童的志愿活动，宣传青年志愿者精神及其他综合活动，救灾帮扶志愿活动，植树造林的志愿者活动，垃圾分类的志愿者活动，参与献血、捐献骨髓、健康方面的公益演出，文艺演出活动等。

1. 打扫社区卫生

社区打扫街道卫生主要是针对卫生死角进行清扫，包括社区活动室、小广场、道路、垃圾堆、道路被乱占用、墙壁"牛皮癣"等。劳动中要带上适用的工具，如钩子、夹子及安全劳保用品，对于枯树枝、木板、破旧家具等体积较大的物品，要全力清运。

2. 敬老助残、救助弱势群体

开展敬老助残的志愿服务工作，最离不开的是志愿者设身处地为老人和残障人士着想的精神和行动。强调"设身处地"，是强调既要照顾到老人和残障人士的身体，又照顾到他们的心理，切忌"想当然"。所谓"设身处地"，就是在对他们的身体关照方面，应当先尽可能地扮演他们的角色，以确切体会他们的不便，再相应进行志愿服务，解决他们的实际困难。另外，对他们的"心理关照"是否到位，是志愿服务能否起到事半功倍效果的重中之重。例如，许多老人和残障人士并不愿意被旁人当作弱势群体特殊对待。一方面，他们觉得这样会让自己被低看了，此时，志愿者需掌握服务对象的心理状态及应对方法；另一方面，需要志愿者自身的志愿者精神做基础，本着"奉献、友爱、互助、进步"的精神，事先设身处地地考虑服务对象的生存、生活状况，服务中随时观察服务对象的反应，对服务作出及时的调整，具体问题具体分析。

3. 爱心家教

（1）按商定的时间上课，不迟到、不早退、不旷课，遇特殊情况不能上课或需更改上课时间时，应事先和家长协商。

（2）结合学生的实际情况教学，经常与家长和学生沟通交流。

（3）工作时衣着整洁大方。

（4）不得从事与家教无关的活动。

（5）不得有家教以外的任何要求，不得接受家长的任何礼品、礼金等。

（6）必须牢记安全第一，注意交通安全和人身安全。教学时间应在白天，晚上不在学生家留宿。

（7）自觉遵守法律法规，自觉遵守校纪校规，有良好的社会公德。

4. 植树造林

种植树木，要注意精耕细作，不可随意敷衍了事，要在内心提高对植树节的重视，在种植以前要将土壤彻底翻松，这样便于种植，也便于透水，方便种下的树木可以吸收足够的水分。种树时要注意添加辅助物，保证树木种下之后没有过多的倾斜，避免影响以后的生长。种完树木之后要注意及时浇水，一般新种的树木浇水一定要浇透，否则树木的根部不能吸收到足够的水分。要及时做好杀虫的措施，否则新种下的树木很有可能受到虫害。

（二）志愿服务的技能要求

据统计，全国大学生注册志愿者总数已超过 3000 万人，在北京奥运会、上海世博会及很多常规志愿活动中，大学生群体已是志愿者团队的中坚力量。综合考量，大学生志愿者和其他年龄段志愿者相比，具备的知识储备和时间相对较为丰富，他们参与志愿服务的优势也更为明显，对大学生而言，抓住大学参与志愿服务这一机会，不仅对自身能力有很大的提升，对今后踏入社会也能积累诸多经验。

在很多重大盛会和体育赛事中，都能看到大学生志愿者的身影，他们积极向上的态度不仅为赛事增加了青春活泼的氛围，更让国际友人看到了中国年青一代的风貌。例如，杭州举办的 G20 国际峰会，来自杭州各大高校的志愿者"小青荷"就成为峰会的一道亮丽风景线，他们在峰会现场展示出极强的热情和服务能力，不禁让外国友人赞不绝口。参加 G20 峰会这样的志愿服务经历，对这些大学生而言不仅是重要的一段人生经历，更是对自己的一个巨大挑战。

1. 赛会服务

赛会服务负责为各种大赛活动服务，服务内容有外语翻译、计算机操作、礼仪服务、安全保卫、体力服务等。

2. 抢险救灾

大学生参与抢险救灾主要参与的是抗洪救灾，工作内容包括一线抗洪、搬沙包、铲石子、挖沟渠，大学生还是后勤保障、心理疏导的中坚力量。

3. 公益服务

公益服务主要针对各类社会福利机构，如福利院、敬老院、慈善机构、红十字会、纪念馆、医院、图书馆、博物馆等。志愿者可与区内及市范围内结成一对一定点服务，以接力的形式将工作延续下去。可根据需要的不同、志愿者能力的特点，针对不同形式的需要，组织不同的小分队开展社区劳动，根据服务对象的不同制定不同的实施方案，组成一批长期稳定的志愿者服务队来为他们提供帮助。

第三节　参与勤工助学

一、勤工助学的概述

（一）勤工助学的内涵

1. 勤工助学的概念

勤工助学是指学生在学校的组织下利用课余时间，通过劳动取得合法报酬，用于改善学习和生活条件的社会实践活动。勤工助学是学校学生资助工作的重要组成部分，是提高学生综合素质和资助家庭经济困难学生的有效途径。

2. 勤工助学的发展

在很长的一段时间内，国内用勤工俭学的称谓来代替勤工助学，这个名称来源于"留法勤工俭学运动"。"勤工助学"一词最早由复旦大学在 1984 年提出，旨在通过这样的活动，促进学生将知识在实践中加以运用，进而提升自身的专业素养、自立能力，帮助学生进行全方位发展。

从 20 世纪 90 年代至今，国家先后发布了多项与勤工助学相关的政策，先在高校日常工作中设立勤工助学项目，又明确了高校在勤工助学管理制度、经费来源和应用、助学基金设立和管理方面的有关规定，逐步强化了勤工助学工作在高校学生工作体系中的作用、地位和价值，勤工助学项目很好地帮助了家庭经济困难的学生顺利完成学业。

（二）勤工助学的特点

勤工助学主要面向经济困难学生提供助学岗位。校园内勤工助学岗位有限的，因此，只能让部分经济特别困难的学生参与。勤工助学是业余性的，学生在开展勤工助学活动时，应坚持课余的原则，以学业为前提，放弃学业必然会得不偿失、本末倒置。勤工助学是有偿服务。勤工助学需具有一定的经济效益，学生依靠自己的知识、技能和辛勤劳动获得相应报酬。

二、勤工助学的意义

（一）勤工助学实现了"济困"的功能

目前，大学中很大一部分时间是由学生自由支配的，勤工助学能够让学生在业余时间展示其价值，通过自己的劳动来获取报酬；同时勤工助学能帮助贫困学生缓解经济压力，已成为学校实现"济困"的重要手段。

（二）勤工助学锻炼了当代学生的思想品格

当下，部分"00 后"大学生普遍害怕吃苦，缺乏服务精神和团队意识，责任意识不强。因此，通过勤工助学实践活动能够让学生感受到生活的艰辛，懂得什么是责任和担当，明白什么是感恩和奉献，有利于他们树立自信心，形成劳动光荣的观念，有利于他们树立正确的人生观、世界观和价值观。在团队中学会面对激烈的竞争，提高他们的心理承受能力并培养危机意识。同时，在长期的勤工助学实践中，能够培养学生的自我约束力、劳动意识和职业道德，这些都将成为他们以后人生路上的宝贵财富。

（三）勤工助学提高了学生综合能力和素质

通过勤工助学实践活动，学生的学习能力、社会能力及内省能力可得到进一步提高。从校内岗位到校外岗位，从懵懂跟从到独立选择，从忐忑上岗到独当一面，学生们的实践能力、创新意识和独立分析解决问题的能力等明显提升；学生提前接触社会，了解社会规则，调整自己的预期，改进自身不足，契合社会需求，团队意识、自律能力、心理素质明显提升，社会适应能力显著提高。另外，通过勤工助学，学生的学习能力和专业素质也得到了增强。学生把学到的专业知识很好地运用到实践中去，边学习边实践，不仅可以让自己的专业知识更扎实与稳健，同时还可以从专业出发去扩展专业相应的特长，增强个人能力。

（四）勤工助学增强了学生创新创业能力

勤工助学引导带动学生从课堂到课外，从学校到企业，从学生到职员，从兼职到就业创业，开阔了视野。学生在自己熟悉的领域经过长期实践更加趋于理性，从创新的角度重新审视身边的各种资源，寻求资源的更佳配置，谋求更大的发展。学生在勤工助学过程中容易迸发出创新想法和创业激情，结合团队管理、项目运作、人际管理、目标管理等，进入一个融会贯通、将所学所思转化为所想所为的新境界，创新创业能力大大提升。

（五）勤工助学促进了学生就业

勤工助学能够不断提升学生的管理组织能力和待人处事能力，使学生的职业素质和职业能力全方位提升，帮助他们提高优质就业和自主创业所需要的身心素质和技能。

三、高校勤工助学岗位设置

（一）岗位设置原则

学校应积极开发校内资源，保证学生参与勤工助学的需要。校内勤工助学岗位设置应以教学助理、科研助理、行政管理助理和学校公共服务等为主。

勤工助学岗位既要满足学生需求，又要保证学生不因参加勤工助学而影响学习。学生参加勤工助学的时间原则上每周不超过 8 小时，每月不超过 40 小时。寒暑假勤工助学时间可根据学校的具体情况适当延长。

（二）岗位设置类型

勤工助学岗位分固定岗位和临时岗位。固定岗位是指持续一个学期以上的长期性岗位和寒暑假期间的连续性岗位；临时岗位是指不具有长期性，通过一次或几次勤工助学活动即完成任务的工作岗位。

（三）岗位管理要求

学校要引导和组织学生积极参加勤工助学活动，同时指导和监督学生的勤工助学活动。组织学生开展必要的勤工助学岗前培训和安全教育，维护勤工助学学生的合法权益；安排勤工助学岗位，应优先考虑家庭经济困难的学生；对少数民族学生开展勤工助学活动，应尊重其风俗习惯；不得组织学生参加有毒、有害和危险的生产作业以及超过学生身体承受能力、有碍学生身心健康的劳动。

四、校内勤工助学的岗位需求

助学中心本着"教书育人，服务育人，管理育人"的精神，以资助经济困难生、帮助学生自立自强为目的，设立了一系列校内勤工助学岗位，体现了国家和学校对学生的深切关怀。为了使学生对各岗位有一个大致的了解，方便学生选择适合自己的助学岗位，对校内勤工助学固定岗位介绍如下。

（一）中心联络员

为配合助学中心老师的工作和促进各院勤工助学工作的开展，加强助学中心与学生的联系，设立中心联络员组，一个院配备一至两名联络员。

联络员主要在值班时间协助老师处理助学中心的日常事务，配合院系老师做好院系固定岗的勤工助学工作，广泛深入地了解本院系困难生的生活和工作情况，并及时把信息反馈到院系和助学中心。同时负责协助各勤工助学小组的日常考核、督促和申报工时等工作。

（二）各院系固定岗

在各个院系的办公室或实验室、实训室协助老师工作，包括日常事务和卫生等，主要按照各学院老师的要求安排具体工作。

（三）新媒体中心

新媒体中心包括校报编辑部、校广播站、校电视台三部分。主要协助中心老师做学生新闻采访报道、校报编辑、广播放音、录制新闻等工作。

（四）大学生活动中心

在学生活动中心值班并管理活动中心的各种器材，接待来访者，介绍活动中心的情况并负责环境卫生等。

（五）体育器材室

在器材室值班，管理体育器材和体育课器材借还工作，保证器材使用完毕后放回原处，并检查器材的情况，做登记，定期整理、打扫器材室。

（六）阶梯教室管理员

打扫阶梯教室内卫生，维护教室的干净整洁，保障教室的正常使用。

（七）图书馆

负责图书馆的图书整理和库房管理及日常办公，包括文字输入、整理档案、采编书目、上书整架等，协助图书馆工作人员顺利开展工作。

（八）食堂

负责协助食堂帮厨打饭、洗碗、维持秩序等工作

（九）其他

校内固定岗位设置还包括学苑超市、食堂管理等。每年在这些岗位上得到锻炼的学生，都受益匪浅。

第四节　积极参加社会实践

一、义务性劳动实践

（一）义务劳动概述

1. 义务劳动的概念

义务劳动，也称志愿劳动，是指不计定额、不要报酬、自觉自愿地为社会劳动。

《现代汉语词典》对"义务劳动"一词的解释是："自愿参加的无报酬的劳动。"这种劳动是完全建立在劳动者的主动性、自觉性的基础上，体现的是劳动者崇高的社会责任感和高尚的品德。它与劳动者在劳动关系范围内的法定劳动义务不同。对于社会义务劳动，《劳动法》在其规定中也只是提倡，并没有强制性要求。作为劳动者，可以参加，也可以不参加，这取决于劳动者本人的思想境界的高低，是属于道德范畴的问题。

2. 义务劳动的意义

义务劳动总是涉及方方面面，大至国家，小至家庭。中华民族的伟大复兴以及中国梦的实现需要义务奉献牺牲精神。新时代目标任务的实现需要义务奉献牺牲精神。社会和经济发展需要全体人民发扬牺牲奉献精神；做一个品德高尚的人需要奉献牺牲精神。

义务劳动是一种精神文化的行为表现，它不像物质财富那样通过简单的购买和继承的方式来获得，具有不可转让性。

但社会义务劳动，其主要目的并不是为了创造物质财富，而是为了营造精神氛围，这对于社会发展而言是更有意义的。一个国家，需要人民自主自发的奉献，需要人民自愿地为国家劳动。

社会义务劳动既然是一种劳动，就必然存在着各种生产要素的合理组织与利用的问题，投入与产出的比较仍然是衡量它有效与否的根本标准。近几年来，各界群众都以不同形式或多或少地参加义务劳动，为社会作出了应有的贡献。但是，也必须看到，在开展义务劳动的活动中，确有大量不讲经济效益的现象，影响了义务劳动的综合效果。因此，明确指出社会义务劳动也要讲经济效益，对于引导义务劳动健康发展是很有现实意义的。

在学校中，教师可以引导学生思考学校义务劳动的意义，却不能代替学生体会义务劳动的含义及其劳动过程中的感受。而现在的学校义务劳动则是试图通过"成果转让"的方法将现成的学校义务劳动内涵和劳动成果带来的种种感受，以知识的形式直接转让给学生，部分教育者甚至认为运用这样的方式进行劳动教育，学生就会自然形成对劳动的热爱，并自动转化为自觉的劳动行为。但事实上，这种办法是行不通的。他们忽略了品德形成过程的特殊性，忽略了知识是不可能自动转化为行为的客观性规律。反过来，这种观点又导致学生对义务劳动教育的错误认识，认为义务劳动是在课堂上被动地接受知识，是在教室中完成的，是在书本和教师的说教中"转让"获得的。只要学生听进去了，劳动知识和劳动情感就有了，不需要真正意义上的劳动实践，以至于学生在形式化的大扫除等活动中，马马虎虎，敷衍了事，得不到真正意义上的劳动锻炼，洗涤不了心灵，在学校中的义务劳动的教育效果也就收效甚微了。

义务劳动是学生德育实践的主要形式之一。组织学生参加的各种义务劳动，可分为劳动课和校内及校外的适量的义务劳动。近些年来，在学生中出现了厌恶劳动、鄙视劳动人民的现象。学生中出现的奢侈浪费、不珍惜粮食、大把花钱的现象，实质上是脱离劳动、脱离劳动人民的一种倾向。针对这些问题，加强劳动实践是十分重要的。

（二）社工目标及特点

1.服务人群

儿童及青少年服务、老年人服务、妇女社会服务、康复服务、社会救助、就业服务、心理健康辅导、家庭服务、医疗社会工作、学校社会工作、矫治服务、城乡社区发展、军队社会工作、企业社会工作，涵盖 14 个服务领域。

（1）从困难人群到需要人群。

（2）从个人到社区和社会。

（3）从关注社会问题到关注社会和谐发展。

主要服务对象是社会的弱势群体。表现在经济能力、政治能力和社会地位、受保护情况方面的缺乏与缺失。如老年人、儿童、妇女、残疾人等。以利他主义为指导，以科学的知识为基础，运用科学的方法进行助人的活动。

2. 对象层面

（1）解救危难。

（2）缓解困难。

（3）促进发展。

3. 社会层面

（1）解决社会问题。

（2）促进社会公正。

4. 主要职责

社会工作在我国还是一个宽泛的概念。当前我国对社会工作有三种不同的理解，即有三种社会工作：普通社会工作、行政性社会工作和专业社会工作。按照《决定》的精神，结合国内外经验，有关部门指出，社会工作是社会建设的重要组成部分，它能体现社会主义核心价值理念，遵循专业伦理规范，坚持"助人自助"宗旨，在社会服务、社会管理领域，综合运用专业知识、技能和方法，帮助有需要的个人、家庭、群体、组织和社区，整合社会资源，协调社会关系，预防和解决社会问题，恢复和发展社会功能，促进社会和谐的职业活动。这里指的主要是专业社会工作。

社工的主要职责是对各种社会问题和各类处于困境的社会成员进行专业化"诊疗"，社工的存在有效地弥补了政府公共服务的不足。

（三）大学生义务劳动意识的培养

高校是培养社会主义建设者和接班人的殿堂，劳动是财富的源泉、幸福的源泉。勤于劳动、善于创造是中华民族鲜明的伟大品格。当代高校应积极参加义务劳动并在实践中提升自己，学校也应大力宣传义务劳动事迹从而营造良好的氛围。

开展义务劳动是贯彻党的教育方针和对学生进行德育教育的重要内容之一，它有利于增强学生的劳动观念、集体主义观念，有利于培养学生爱护公共财产意识，有利于促进班风、校园文明建设。

义务劳动亦是学校德育教育的一个重要组成部分。义务劳动是最容易操作、最有实效意义的劳动教育途径。目前，我国大学生群体中独生子女所占比重比较大，生活在"6+1"家庭模式中的他们，倍受溺爱，逐渐表现出"自私""自我""我行我素"等消极面。针对这种情况，大学生参加义务劳动，是一个知行合一的过程，可以提高他们的文明素质和道德水平，培育"民生在勤，勤则不匮"精神和责任意识，引导大学生树立正确的人生观、价值观和世界观，从而促进了大学生的全面发展。

1. 培育劳动者素质

面对日趋激烈的国际竞争，一个国家发展能否抢占先机、赢得主动，越来越取决于国民素质特别是广大劳动者素质。素质是立身之基，技能是立业之本。大学生要勤于学习，学文化、学科学、学技能、学各方面知识，不断提高综合素质，练就过硬本领。要立足专业，向老师学，向同学学，向书本学，向实践学。三百六十行，行行出状元。劳动没有高低贵贱之分，任何一份职业都很光荣。大学生毕业后要立足本职岗位诚实劳动。无论从事什么劳动，都要干一行、爱一行、钻一行。在工厂车间，就要弘扬"工匠精神"，精心打磨每一个零部件，生产优质的产品。在田间地头，就要精心耕作，努力赢得丰收。在商场店铺，就要笑迎天下客，童叟无欺，提供优质的服务。只要踏实劳动、勤勉劳动，在平凡岗位上也能干出不平凡的业绩。

通过学习新知识、掌握新技能，用社会主义核心价值观武装头脑，提升职业道德，坚定理想信念，增强"三个自信"，立报效祖国之志，行勤勉奋发之举，创开拓进取之业，建服务人民之功，大学生就能立足专业成长成才，在建设国家中实现人生价值。

2.弘扬劳动精神

义务劳动教育对一个人的发展极其重要，是一个人得以发展的基础。

（1）义务劳动能使大学生的肌体充满活力，改善肌体的各种生理素质，包括呼吸、血液循环、新陈代谢等机能，促进青年大学生的身体发育。

（2）义务劳动，不论是体力劳动还是脑力劳动，都要作出努力、耗费精力，要取得劳动成果，需要有顽强的意志和毅力，因而可以培养大学生的自信心、责任心、情感和意志等思想品质。培养大学生的自信、自强就要从劳动教育开始。过去许多家训里讲，"黎明即起，洒扫庭院"，就是要培养大学生自己动手的习惯，养成"我能做，我会做"的自信心。

（3）认识义务劳动是产生财富的源泉，从而培养起尊重劳动、热爱劳动、尊重劳动人民的品质。养成劳动光荣、不劳为耻的思想品德。

（4）义务劳动是创造的基础。大学生在劳动中既要动手，又要动脑，是一种创造性活动。一个模具专业大学生在实训室一学期要做成一件产品，如榔头，他要自己设计、自己制作，在老师的帮助下克服困难。这就培养了他的创造意识和创新精神。

因此，义务劳动教育不仅能培养大学生的生活技能，而且能促进人的体力发展和智力发展，培养学生的创新精神和实践能力，养成尊重劳动的思想品德。义务劳动不仅能提高学生的智力，而且把教育和劳动结合起来，能够提高学习的效国。

当今时代是创新的时代。创造新的知识、新的技术，不是凭空想出来的，而是在艰苦的劳动中创造出来的。义务劳动创造财富，劳动创造新的思维，义务劳动也促进了人类进步。培养学生热爱劳动、尊重劳动，树立劳动光荣而幸福的情感十分有必要。

3.大力提倡义务劳动，提升内在生命力

（1）让义务劳动教育成为一种价值召唤

在观念层面，大力提倡义务劳动精神要凸显其综合性与统领性，让义务劳动教育成为一种价值召唤。义务劳动教育不是一种独立的教育形式，而是各种教育的统领，能够把其他教育内容联结在实践之中。义务劳动教育不仅能够培养学生爱劳动、依靠自我劳动生存与创造的道德品质和人格品质，增强体质，磨炼意志，发扬志愿服务，促进身心健康，还能够丰富学生对人生的理解，增强学生对自我发展以及成功体验的审美意义，能够实现把知识转化为能力，增进智慧等功能，即"以劳树德、以劳增智、以劳强体、以劳育美"。

义务劳动教育并不狭隘地指体力劳动、志愿服务或直接的生产劳动，而是基于志愿服务、体力劳动与物质生产劳动的实践活动。在家庭生活之中体现为自理、自立的独立生活活动，在职业生活中体现为通过自己力所能及的各种劳动获取物质生活资料的活动，在社会生活中体现为丰富多样的为社会作出应有贡献的公益性活动，在学校学习之中体现为与具体的学科知识相联系的实践和动手操作的、能够化知识为能力与智慧的活动。义务劳动教育不是社会、学校或家庭单方面的事情，而是这三个教育渠道相互配合、密切联系、各司其职的整体性教育。

（2）让义务劳动成为一种积极的生存方式

在实践层面，要强化激励性与基础性，让义务劳动成为一种积极的生存方式。义务劳动教育不是刻意、强制的观念和行为，而是依存于自觉意识、自觉追求和自觉行为过程中的。但是，义务劳动教育又无时不在、无处不在，它必须渗透到教育的各个环节、各个方面，成为整个教育的基础和归宿。因此，应该把义务劳动的理念和行为渗透到生活、学习、工作的各个环节中，使之成为一种生存方式。

二、暑期兼职实践

（一）识别假期兼职陷阱

寒暑假期间，多数学生都会做兼职。假期兼职可以在锻炼自己、增加生活体验的同时挣一些生活费，是一种常见的社会实践形式。在假期兼职时，大学生应擦亮眼睛，谨防落入各种"陷阱"。

1. 传销陷阱

目前，不少传销组织打着"连锁销售""特许经营""直销"等幌子，或以"国家搞试点""响应西部大开发号召"等名义诱骗学生参与传销活动。在形式上，传销组织也由此前的发展"下线"改为"网上营销"方式，打着"电子商务""网络直销"等旗号利用互联网进行传销，违法活动更加隐蔽，传播范围也更为广泛。遇到这种情况，该怎么办？

（1）在找实习单位时，注意看对方是否有正规执业牌照。

（2）面试时，对公司的营业运作模式进行判断，看是否存在虚假状况；如果企业在面试过程中表现出对你的交友、家庭情况等比对职业技能、实习经历更感兴趣的话，就要有所警惕了。

（3）一旦对方要求缴纳一笔入门费或者要求发展其他成员加入从而获得报酬的，要警惕其是否为传销组织。

（4）很多传销都是通过亲朋好友或同学进行的。如果有长期没有联系的亲友、同学突然联系你，邀请你去异地找工作，或者有其他异常行为，要提高警惕。

（5）面试时若感觉有异常，不要慌张。可以用上厕所、学校有事等借口先行离开，以保证自身安全。

2. 培训陷阱

一些骗子公司通常会和一些培训机构联手，招聘时以"先培训，拿证后上岗"为由骗取求职者培训费、考试费、证书费等各种费用。实际情况往往是，经过一段时间的培训、参加完考试后，公司便不知去向，或被告知"很遗憾，考试未通过，不能上岗"。

遇到需要培训上岗的公司时，要先了解培训机构是否正规，在网上查看之前参加培训的学员的评价，评估培训的质量，再决定是否参加培训。

3. "押金"陷阱

一些用人单位声称为了方便管理，向应聘者收取一定数额的押金或保证金，并承诺工作结束后退还，然而工作结束时学生只能领到工资，保证金却不见了踪影。更有甚者，在学生交过钱后说职位暂时已满，或者说暂时没有工作可做，要学生回去等消息，接下来便再也没有消息了。

国家人事和劳动部门明文规定，用人单位不得以任何名义向应聘者收取报名费、考试费等，对于员工的培训费用，应当从企业成本中支出。很多学生求职时不了解相关规定，又求职心切，往往会落入陷阱。遇到这种情况，该怎么办？

（1）收押金不合法，对方谈到押金时要提高警惕。

（2）应聘时要注意看应聘单位的规模，再看负责招聘人员的素质。如果应聘单位只有一张写字台，两把老板椅，建议尽快找借口离开。此时可称自己没带多少钱，或者告诉对方"等我同学来后再商量"，让对方明白你不是孤身一人应聘。然后通过发微信、打电话等方式求助同学，以便在第一时间离开。

4."黑中介"陷阱

一些黑中介，抓住学生缺少社会经验且找工作心切的心理，收取高额中介费后，却不履行承诺，不及时为学生找到合适工作。黑中介的套路往往是不停地拖延，让学生耐心等待，最后不了了之。更有一些中介"打一枪换一个地方"，骗取一定中介费后，就消失得无影无踪。

找假期兼职时，学生最好咨询学校的劳动就业服务中心，或者请学校负责联系用人单位。如果自己寻找，也要找正规的企事业单位，或找正规中介机构帮忙联系。

（二）兼职劳动关系

以前，对于劳动者的兼职行为，一些司法审判机关会以劳务关系对待，以至于一些劳动者在从事兼职活动时，无法享受社会保险、节假日、最低工资标准等应有的劳动保障待遇。如今，《中华人民共和国劳动合同法》对上述问题做了明确规定。

学生在从事兼职活动时，应仔细了解自己与兼职单位之间的各项权利与义务，注重保护自己的合法权益。对于双方之间的法律关系以及权利义务，最好能通过书面合同的形式予以确认。

（三）大学生寒暑假兼职有哪些注意事项

大多数学生是从和自己相关专业开始找实习和兼职的单位，一般短期销售促销人员比较多，可以是学校联系，也可以自己去人力资源务工的地方去面试，还有一些企业会在暑期和寒假去学校直接招聘，也有相关的中介公司。

打工前宜先行了解就业市场状况、担任的工作内容、工作形态、有无安装合格有效的安全防护装置等，避免担任有危险性及自己的体能无法负担得了的工作，不能只顾工资的高低，否则一旦发生职业灾害就后悔莫及了。

如订有书面契约，契约内容要公平、合理；如契约内有以下条款，即须请教学校师长、政府相关行政主管机关后再行签约：

（1）预扣薪资，即先扣若干工资，作为赔偿之预备违约金；

（2）未工作满一定天数不得领薪；

（3）未服务满预定期限之处罚；

（4）预缴工作保证金；

（5）放弃一切民事赔偿条款；

（6）强迫加班或不加班扣钱条款；

（7）扣押身份证。

注意自身安全与权益：公司应为员工投保劳工保险，保险是为保障在发生保险事故时享有保险给付，以获得经济上的帮助，与普通伤病不同，千万别以为已有劳保而不投保，损失自身的权益。

有些求才广告或厂商雇主自发招募求才讯息，或有掩饰不实情形，应谨慎辨识小心掉进就业陷阱，招致受骗与剥削。尽量结伴参加打工，可以相互协助、照应。遵守用人单位工作规则，注意言行，建立和谐人际关系，塑造良好形象。遵守打工安全卫生守则，并应参加用人单位的安全卫生及预防灾变训练或讲习，谨慎工作，保证安全。需将打工状况告知家长。

三、创新创业劳动实践

近几年，大学生创新能力在我国开始受到广泛的关注，但由于大学生自身的因素和受到传统教育的影响，导致我国大学生创新能力整体水平较低。大学生处于成年初期，是创造性思维开始活跃的时期，但辩证逻辑思维发展水平不高，创新意识不足，或者有灵感却缺乏付诸行动的勇气和毅力，知识积累和技能水平有限，导致大学生创新能力发展受限。另外，由于传统应试教育的影响，高等教育过程中多是以教师为主，注重书本知识的灌输，教师本身创新意识淡薄、缺乏创新能力，教学内容陈旧、更新速度慢，教学方式相对单一，对培养学生创新能力和实践动手能力的重视程度不够，学科高度专业化，这些也严重制约了大学生创新能力的发展。

（一）创新创业

创新创业是指基于技术创新、产品创新、品牌创新、服务创新、商业模式创新、管理创新、组织创新、市场创新、渠道创新等方面的某一点或几点创新而进行的创业活动。创新强调的是开拓性与原创性，而创业强调的是通过实际行动获取利益的行为。创新是创新创业的特质，创业是创新创业的目标。

1. 创新创业的特点

（1）高风险

创新创业是建立在创新基础上的创业，但是创新受到人们现有认知、行为习惯等方面的影响，会面临不被接受的阻碍，因而创新创业会面临比传统创业更高的风险。

（2）高回报

创新创业是通过对已有技术、产品和服务的更优化组合，对现有资源的更优化配置能够给客户带来更大、更多的新价值，从而开创所在创业领域的"蓝海"，获取更多的竞争优势，也获取更大的回报。

（3）促进上升

创新创业是在创新基础上的创业活动，创新是创业的基础和前提，同时创业又是创新成果的载体和呈现，并在创业活动过程中，不断优化资源配置、总结提炼，以实现创新的更新与升级。创新带动创业，创业促进创新。

2. 大学生创新创业的优势和弊端

大学生创业是以在校大学生和毕业大学生的特殊群体为创业主体的创业过程。随着我国不断走向转型化进程及社会就业压力的不断加剧，创业逐渐成为在校大学生和毕业大学生的一种职业选择方式。

（1）优势

①大学生往往对未来充满希望，他们有着年轻的血液、充满激情，以及"初生牛犊不怕虎"的精神。

②大学生在学校里学到了很多理论性的知识，具有较高层次的技术优势。"用智力换资本"是大学生创业的特色和必然之路。一些风险投资家往往就是因为看中了大学生所掌握的先进技术，而愿意对其创业计划进行资助。

③现代大学生有创新精神，有对传统观念和传统行业挑战的信心及欲望，而这种创新精神也往往造就了大学生创业的动力源泉，成为成功创业的精神基础。

④大学生创业能提高自己的能力，增长社会实践经验。通过成功创业，可以实现自己的理想，证明自己的价值。

（2）弊端

①大学生社会经验不足，常常盲目乐观，没有充足的心理准备。对于创业中的挫折和失败，许多创业者感到十分痛苦和茫然，甚至沮丧消沉。

②急于求成、缺乏市场意识及商业管理经验。大学生虽然掌握了一定的书本知识但终究缺乏必要的实践能力和经营管理经验，对市场营销等缺乏足够的认识，很难一下子胜任企业经理人的角色。

③大学生对创业的理解还停留在仅有一个表层想法与概念上。

④大学生的市场观念较为淡薄，很少涉及技术或产品的市场空间。

3. 大学生创新创业所需的基本能力

（1）自我认知及科学规划

刚进入大学校门的学生，对社会和自己的认识还非常有限。要想清楚地知道自己以后的发展方向在哪里，仅靠苦思冥想是找不到答案的。最好的办法就是通过自己去观察别人，征求"过来人"的意见，再结合自己的实际情况制定一些小目标，通过确定和实现这些小目标，再开始规划自己的人生。

在创业过程中，要经常性地提前计划或规划一些事情。在制订计划时一定要综合各种因素，形成切实可行的动作分解，要将任何可能的细节都考虑在内。而在实施的过程中要针对当下的具体情况进行，适时做调整。运营需要强有力的计划管理能力，只有具备这一能力才能让自己更靠近成功创业之门。

（2）胆识和魄力

团队筹备之初及运营后，会面临各种各样的决策，作为团队的灵魂。创业者的一举一动都左右着创业的发展走向和兴衰。前期创业者可能会广泛地征求亲朋好友的建议，一旦自己能够独立自主后，就必须通过自己的智慧和胆识去决定各种大小事务。需要自主作出决策时，决策的胆识和魄力一定要建立在深思熟虑的基础之上，既要降低风险又要兼顾利益最大化。

（3）团队管理、信息管理和目标管理

创业如同经营一家企业一样，需要制定各种制度。制度不在于多，而在于能否让所有相关人员都能够明白其内容，并且严格执行。创业者需要针对自己团队的实际情况建立各种有效的管理制度，包括店员管理、培训，绩效考核等。同时，针对市场的不断发展变化改进相应制度，只有这样才能让创业者及其团队立于不败之地，拥有发展的主动权。制度的制定和改进要基于客观事实，而不要想当然，要极力保证制度的可实施性。

对于大学生创业者而言，由于缺乏大量的社会实践经验，因此在接触各种信息时，难免会有失偏颇地做一些决定。当创业者对信息无所适从的情况下，可以向过来人请教，加以甄别。要在观察和请教别人的过程中，不断提高自身管理信息的能力。

（4）谈判

在创业者的人际交往过程中，与人谈判的情况必不可少。谈判对创业者的要求是综合多面的，需要创业者有一定的语言组织能力、心理分析能力、人文素养等。要想在谈判中占据主动地位，必须有很强的谈判能力。杰出的谈判能力能够让创业者在谈判过程中获得更多的利益。

（5）处理突发事件

创业过程中，不可避免地会发生一些突发事件。当事情发生时，需要积极应对。这些事情发生在创业者顾客身上，如果处理得当，还能起到宣传效果。

（6）学习

在现代社会中，个体要想取得不断的成功，必须具备持续的学习能力。市场和行业的竞争日益激烈，大到一个企业，小到个人。要想力争上游，那就必须比竞争对手更快地掌握更多的知识，通过不断的学习使自己处于不败之地。对于大学生创业者而言，除了书本的理论知识，更要重视学习其他方面的综合能力。

（7）社会交往能力

良好的人际关系，不仅能给人带来快乐，而且还能助人走向成功。大学生创业者在开始创业后必将会接触到各种不同类型、身份的人，而接触的人大多都是与自己利益攸关的。所以从创业最开始就要学会与各种人打交道。在与前辈们的交流和学习当中不断认识到自己的不足，有针对性地加以完善。

（8）保持身心健康

创业者经常要与孤独和挫折为伴，绝大多数的创业过程不是一帆风顺的。保持乐观而稳定的心态，需要在长时间的历练中找到方法。大学生要放低姿态，平静地去接受一切可能的打击。同样，在取得成绩时，也要克服骄傲的情绪，切不可沾沾自喜，妄自尊大。

身体是革命的本钱，创业者只有身体健康才能够支撑一切的打拼和奋斗。为事业拼搏而废寝忘食的精神非常值得肯定，但是终究不能视之为常态。大抵年轻的创业者都精力旺盛，一旦投入工作中都很难自拔，但是在创业的过程中一定要注意劳逸结合，切莫因为过度劳累而让自己的健康状况下滑。

（二）大学生创新创业相关比赛

1. 中国"互联网 +"大学生创新创业大赛

中国"互联网 +"大学生创新创业大赛，由教育部与有关部委共同主办。大赛旨在深化高等教育综合改革，激发大学生的创造力，培养造就"大众创业、万众创新"的主力军；推动赛事成果转化，促进"互联网 +"新业态形成，服务经济提质增效升级；以创新引领创业、创业带动就业，推动高校毕业生更高质量创业就业。

首届中国"互联网 +"大学生创新创业大赛采用校级初赛、省级复赛、全国总决赛三级赛制。在校级初赛、省级复赛的基础上，按照组委会配额择优遴选项目进入全国决赛。全国共产生 300 个团队入围全国总决赛，其中创意组 100 个团队，实践组 200 个团队。

截至 2020 年初，大赛举办了 5 届。每届冠军项目如下：

第一届冠军项目：哈尔滨工程大学项目"点触云安全系统"。

第二届冠军项目：西北工业大学"翱翔系列微小卫星"。

第三届冠军项目：浙江大学杭州光珀智能科技有限公司研发的一代固态面阵激光雷达。

第四届冠军项目：北京理工大学"中云智车未来商用无人车行业定义者"

项目。

第五届冠军项目：清华大学交叉双旋翼复合推力尾桨无人直升机。

第五届比赛共有来自全球五大洲 120 个国家和地区的、1153 所国外高校的 6000 多名大学生参赛，堪称一场"百国千校"参与的世界大学生双创奥运会。大学生创业者达到 35 万人，同比增长 8.2%。23.8 万个创新创业项目的 100 万名大学生踏上"青年红色筑梦之旅"，走进革命老区、贫困山区、城乡社区，对接农户 74.8 万户、企业 24204 家，签订合作协议 16800 余项，产生经济效益约 64 亿元。

经过几年的发展，中国"互联网+"大学生创新创业大赛已经成为覆盖全国所有高校、面向全体高校学生、影响最大的赛事活动之一。大赛就是"摇篮"，是给大学生提供一个爆发想象力的舞台，同时也是深化产教融合、促进产业转型升级的重要平台。

2. "挑战杯"中国大学生创业计划竞赛

"挑战杯"中国大学生创业计划竞赛，是由共青团中央、中国科协、教育部、全国学联主办的大学生课外科技文化活动中一项具有导向性、示范性和群众性的创新创业竞赛活动，每两年举办一届。大赛旨在培养创新意识、启迪创意思维、提升创造能力、造就创业人才。从实践教育角度出发，引导和激励高校学生弘扬时代精神，把握时代脉搏，将所学知识与经济社会发展紧密结合，培养和提高创新、创造、创业的意识和能力，并在此基础上促进高校学生就业创业教育的蓬勃开展，发现和培养一批具有创新思维和创业潜力的优秀人才。

根据参赛对象，分普通高校和职业院校两类。设科技创新和未来产业、乡村振兴和脱贫攻坚、城市治理和社会服务、生态环保和可持续发展、文化创意和区域合作 5 个组别，大赛分校级初赛、省级复赛和全国决赛。校级初赛由各校组织，广泛发动学生参与，遴选参加省级复赛项目。省级复赛由各省（自治区、直辖市）组织，遴选参加全国决赛项目。全国决赛由全国组委会聘请专家根据项目社会价值、实践过程、创新意义、发展前景和团队协作等综合评定金奖、银奖、铜奖等项目。

第一届汇集了全国 120 余所高校近 400 件作品。第二届大会共收到来自全国

24 个省、市、自治区 137 所高校的 455 个作品。第三届竞赛组委会共收到来自全国 29 个省、市、自治区 244 所高校的参赛作品共 542 个。第四届有来自全国 29 个省、市、自治区 276 所高校的 603 个作品参加了竞赛。第五届在终审决赛期间的投资意向洽谈会上，共有 3 个项目与 4 家企业正式签约，风险投资达 2225 万元。第七届竞赛共收到来自全国 374 所高校（含港澳台地区）的 640 个创业作品，参赛学生达 6000 多名。第八届有内地 152 所高校的 200 个作品进入全国决赛。竞赛评审委员会共评出金奖作品 65 个，银奖作品 135 个，铜奖作品 450 个。

第三届竞赛受到社会各界尤其是企业界和风险投资界的关注。据统计，部分参赛作品开赛前就吸引了部分风险投资，金额达 10400 万元，其中签订合同的项目 6 个，签约金额 4640 万元。决赛期间，正式签约项目 4 个，金额达 5760 万元。到第五届赛前共有 13 个参赛项目与 25 家企业达成投资意向，获得了 5921.35 万元的风险投资。

截至 2020 年，大赛已开展了十二届，由共青团中央、教育部、中国科协、全国学联、黑龙江省人民政府共同举办，东北林业大学、共青团黑龙江省委承办。大赛设置 5 个组别，分普通高校和职业院校分别进行竞赛评选。

3. 国家级大学生创新创业训练计划

国家级大学生创新创业训练计划，简称"国创计划"，旨在促进高等学校转变教育思想观念，改革人才培养模式，强化创新创业能力训练，增强高校学生的创新能力和在创新基础上的创业能力，培养适应创新型国家建设需要的高水平创新人才。"国创计划"内容包括创新训练项目、创业训练项目和创业实践项目三类。

国家级大学生创新创业训练计划项目面向本科生申报，原则上要求项目负责人在毕业前完成项目。创业实践项目负责人毕业后可根据情况更换负责人，或者是在能继续履行项目负责人职责的情况下，以大学生自主创业者的身份继续担任项目负责人。创业实践项目结束时，要按照有关法律法规和政策妥善处理各项事务。

第四章 劳动文化中专业技能的培养

如果说劳动品德涵养依赖理智清醒地思考，劳动情怀培育重在透射心灵的感悟，劳动技能习得则主要靠持之以恒的学习和训练。专业技能是大学生劳动技能的核心部分，是与高等教育人才培养方式紧密相关的专业知识、专业思维和专业实践的有机统一。良好的专业技能是衡量大学生劳动素养的重要指标，对于帮助大学生合理规划职业路径、提升创新创造能力具有无可替代的积极作用。本章为劳动文化中专业技能的培养，分别阐述了专业技能的内涵、专业技能的价值、大学生专业技能的培养三方面的内容。

第一节　专业技能的内涵

所谓专业技能是指与通用技能相对应的概念。高等教育阶段的专业技能是指大学生基于专业知识学习而形成的思维活动能力和职业实践能力，这些能力是以通往未来就业渠道和职业岗位计划为导向的，是大学生劳动技能提升的重心。具体而言，专业技能是对特定专业知识的应用能力，这种能力首先体现为一种思维活动，它能够改变人们对事物的看法，指导人们通过特定行为达到预期目的，当这种行为付诸实施并产生相应结果时，就表现为一种职业实践能力。

一、专业知识

知识是技能的基础，是静态的技能；技能是知识的延展，是动态的知识。与基础教育显著不同的是，高等教育总体上是围绕"专业"而展开的，尽管有不少高校都在强调通识教育，但绝大多数大学生在离开校门前都会掌握一种或几种专门的技能，完成一种或几种专门的学业。这种在一定范围内相对稳定的系统化的知识就是专业知识，它不是专业技能本身，但与专业技能之间又存在彼此依赖的密切关系。

（一）专业知识是专业技能的基础

人们在认识特定领域事物发展规律过程中所形成的知识集合就可以被称为专业知识。这些知识能够表明不同因素之间的关系，揭示某种结果出现的原因，告诉我们现象背后的本质，提醒我们看待事物的科学方式。在大学课堂内外，知识的传授大多是以专业的形式展开的。教育部 2018 年首次发布《普通高等学校本科专业类教学质量国家标准》，涵盖了我国普通高校本科专业目录中全部 92 个本科专业类、587 个专业，涉及全国高校 56000 多个专业点。这些专业被归于哲学、经济学、法学、教育学、文学、历史学、理学、工学、农学、医学、军事学、管理学、艺术学等 13 个学科门类中，构成大学生日后专业技能形成的基本领域和职业方向。尤其是农学、医学、工学等领域相关专业，表现出更强的操作性和更专的技能特征。

（二）专业技能是专业知识的延展

专业技能离不开专业知识的传授，需要通过专业知识的学习和积淀才能形成。但专业技能对专业知识的依赖却不是被动的，而是一种主动的应用和积极的延展。一个人是否学过相关专业知识，在从事某项具体工作时的技能水平和实际效果是有明显差异的，而是否能够通过反复实践操练，将所学知识转化为改造事物的专业技能，对专业知识学习效果同样有重要影响。

二、专业思维

在学习专业知识形成专业技能的过程中，一个关键的环节是专业思维的形成。所谓专业思维，就是能够将遇到的问题迅速准确归类的思维。一个人只有用专业的思维方式考虑问题，才有可能在看待事物时具备独特的眼光和与众不同的处理方式，即专业的技能。

（一）基于历史经验的思维

万事万物都是不断变化的，专业也是动态发展的，因而专业思维会表现出明显的历史继承性。今天的专业知识体系正是对过去每一个阶段新知识的累积叠加，当下的专业思维方式也就是对以前专业思维延续和更新后所形成的。

（二）立足现实状况的思维

拥有专业思维的人都清楚自己的能力边界，他们了解事物运行的复杂性和专业知识的有限性，不会觉得自己无所不能，他们看待和处理问题更倚重从现实出发的思维方式。从这个角度看，专业技能差异的背后经常表现为专业思维方式的差异，越是能立足现实进行思考的人，越能清晰地看到自己的优势和不足，从而踏踏实实地扬长避短，在工作中往往表现出越强的专业技能。被称为"文艺复兴时期最完美代表"的达·芬奇可谓是人类历史上绝无仅有的全才，在理、工、医、文、艺等几乎所有学科中都取得了显著成就，但其最伟大的成就还是绘画，这与他从 14 岁开始连续数年不间断地进行绘画基本功训练密不可分。而达·芬奇之所以能够做到这一点，正是因为老师韦罗基奥点拨他形成了立足现实的艺术思维。

（三）追求更高更好的思维

专业思维承认专业知识的局限性，但并不会因此囿于当下，裹足不前，而是能够放眼长远，开放心态，乐于倾听，重视专业知识的连续性和专业发展的持续性，清楚地知道自己该做什么和不该做什么，并将失败视为其获得成长的过程。拥有专业思维的人通常都心怀一种使命感，期待在专业领域获得更高的水平，实现更好的效果，因而是一种积极向上、追求创新的战略性思维方式。

三、专业实践

获取专业技能需要专业知识的指导和专业思维的引导，更需要在实践活动中持之以恒的学习、模仿、操作和训练。《中华人民共和国高等教育法》指出，高等教育的任务是培养具有社会责任感、创新精神和实践能力的高级专门人才，发展科学技术文化，促进社会主义现代化建设。尽管各高校关于大学生专业实践的要求不尽相同，各专业的实践方式也千差万别，但通过多样化的专业实践提升大学生专业技能的目标却是明确的，这同时也是新时代高等教育阶段加强劳动教育的重要路径之一。

（一）凝练和发挥专业优势

通用知识的优势在于广度，有助于开阔视野，通用技能在各种社会活动中有着广泛应用，如计算机基本操作能力、驾驶能力、接待能力、书写能力、口头表达能力等。专业知识的优势在于深度和精度，有助于深化认识，每一种专业都存在专属的研究范畴，专业技能只有在特定的实践活动中才能获得用武之地，如律师的辩护技能主要用于法庭，园艺师的栽培技能主要在园林中展示，飞行器设计师的技能则需要航天航空环境。

（二）培养实干精神和职业专注力

专业知识必须通过刻苦地理论学习才能掌握，强调的是知晓专业；专业思维只有通过积极地思考才能获得，强调的是懂得专业；专业技能则需要在实践活动中反复操练才能拥有，强调的是运用专业。大学生能否将在校期间所学专业知识转化为创造社会财富的能力，除了对专业本身的认知和理解以外，还需要实干精神，专注于实际工作需要与专业优势的结合，这些都需要进行足够的专业实践训练。

（三）强化创新精神和社会责任感

专业技能要通过一个个鲜活个体的劳动过程才能体现出来，但任何一种专业技能的形成都往往是一群人共同钻研并通过一代代人传承创新的结果。因而专业技能既是个人的本领，也是全社会的共同财富。任何一位大学生只有怀揣社会责任感进入职场，才能让所学专业技能在推动社会进步中发挥积极作用，也只有将创新的精神运用于其所学专业，才能在工作实践中发现专业知识的漏洞，改进专业思维的缺陷，不断提升专业技能，为专业本身的进步创造条件和提供可能。

第二节　专业技能的价值

通用技能在日常生活中应用广泛，对广大学生的发展具有广泛迁移价值；而专业技能与岗位设置相关，是特定岗位专门需要的技术和能力，也是岗位价值的重要体现。对于正在接受高等教育的大学生来说，熟知一门专业知识，掌握一项专业技能，也就具备了成为专业人才的基础条件，拥有了在生产和服务过程中体验不同形式劳动发展演变的机会。这对于学会使用工具、掌握和应用相关技术、增强产品质量和社会服务意识、感受劳动创造价值、强化社会责任感等都具有重要意义，有助于在未来职业发展道路上更好地选方向、定策略，充分利用外部条件和发挥自身优势，成为一个真正有创造力的人。

一、成为专业人才

人才是一个与普通劳动者的内涵相比，略显模糊的概念。从略微宽泛的角度来讲，人才应当拥有一定的知识或技能，具备进行创造性劳动的潜质或已经对社会作出过突出贡献的人，是人力资源队伍中那些能力和素质较高的劳动者，也被视为国家经济社会发展的第一资源。在学科分散发展的古代社会，像亚里士多德、达·芬奇、张衡、沈括等这样百科全书式的全才或通才大师并不少见。但在近代两次工业革命推动下，学科分工越来越细，学科渗透越来越深，凭借个人能力很难全面掌握，专门人才或专业人才开始取代全能通才成为现代人才的一个重要特征，而专业技能恰恰是专业人员成才之路上必不可少的助推器和护身符。

（一）衡量人才的重要指标

良好的人品、广博的学识、超凡的技能、高效的行动力等都是衡量人才的重要标准，缺少了任何一方面都会使得人才的含金量打折扣。在教育落后、知识贫乏的时代，专业人才短缺往往成为经济社会发展的最大掣肘。反之，在教育兴旺、人才辈出的时代，国家财富创造的速度和人民生活改善的程度也会非常惊人。改革开放以来，我国各个领域建设都取得了举世瞩目的成就，这与国家大力兴办教育，尤其是通过高等教育不断培养出一批批理论功底扎实的专业人才密不可分。但经济社会转型遇到的瓶颈问题也告诉我们，顺应经济高质量发展的要求，转变人才评价理念的方法，调整高等教育人才培养目标定位，逐步增强对高等人才专业技能培养的力度，改变我国专业技能人才短缺的境况不仅重要而且必要。

（二）建立人才自信心

自信心在人才成长过程中发挥着定心丸的作用，唯上唯书无主见者多为庸才，前怕狼后怕虎不敢突破者难成大器。良好的专业技能既是年轻人找工作的敲门砖，也是职场新人提升自信心的有效秘方。自信心会受到先天性格等因素的影响，但更多源自多角度比较而产生的成就感激励。拥有良好专业技能的人能够通过劳动创造看得见摸得着的价值，在纵向比较中看到自己的成长进步，在与周围人的横向比较中看到自己的领先优势，从而逐渐树立起工作的自信。

（三）提升人才认可度和社会地位

一个人在工作中取得的成绩或在事业上所达到的高度受很多因素影响，但归根结底还得靠自身的真才实学。工作能力尤其是专业技能一旦获得认可，将会产生持久的社会效应。在国内外各种关于人才的分类中，技能人才既不同于以广博知识见长的学术人才、以社会经验称道的管理人才，也有别于身处生产一线直接掌握某项应用技术手段的技术型人才，而是特指在生产技能岗位工作，具有高级以上技能等级或具有专业技术资格的人员，是具有一定社会认可度和社会地位的高级人才。由中华全国总工会、中央广播电视总台于 2018 年联合启动举办的"大国工匠年度人物"评选活动产生了广泛积极的社会效应，有力地弘扬了劳模精神、劳动精神、工匠精神，掀起了学习大国工匠、争当工匠人才的热潮。

二、理性规划职业

大学生职业规划是一个立足当下、着眼长远、内外兼顾、动静结合的复杂活动，只有把国家需要、自身兴趣、个人特长有机结合起来，才能产生通过职业规划引领职业成长的效果。职业规划是对在校期间学习理性和工作期间职业理性的双重考验。其中，大学生所学专业以及逐步掌握的专业技能水平对其理性规划职业具有重要指导意义。

（一）按照国家需要谋划职业愿景

职业选择是一种社会活动，受到各种社会条件的制约，脱离经济社会发展需要的职业选择将很难被社会所接纳。经过大学阶段的学习，每一个大学生都具有了某一领域专业的知识和技能，不同类型的专业技能对应不同的职业领域，不同的专业技能水平对应不同的工作岗位，大学生只有清晰认识国家经济社会发展的总体趋势和相应的人才需求，并与自身所学专业相对接，才能确保职业规划方向选择的现实性和合理性。

（二）激发职业兴趣

职业规划的理性要求突出地体现在不单以眼前利益为依据，而是要兼顾整个职业生涯的长远利益，尽量保持规划与行动的一致性，避免频繁调整规划或改变工作而额外增加成本。保持职业规划相对稳定性的一个有效办法就是设法让自己保持对专业、对职业持久的兴趣。对于在校大学生来讲，就是要明白，知识学习有一个普遍规律，学习得越深入，学习兴趣就越高，将来进入职场，技能运用得越自如，职业发展就越顺畅。因而在现实中，各个高校的专业教育通常都有自身的培养目标和就业方向，用以引导在校学生逐步产生专业兴趣和形成职业选择优势。

（三）明确职业定位

人尽其才是国家人才使用的重要原则，找到与自身能力相匹配的工作也是每一位大学生的愿望。但时至今日，部分大学生在校期间沉浸在"我与专业"的二维世界中，死记硬背理论知识，只求考试高分，做职业规划时又掉进"我与工作"的陷阱里不能自拔，忽略了专业技能的重要影响，以至于工作中涉及专业应用时生搬硬套，毫无效果可言，更不用说进行专业创新或创造性劳动。专业技能引导职业选择就是要改变生硬地学习理论，学会感知生动的专业实践，实现从"我与专业"到"我、专业与社会"的转变。

三、培养创新能力

从知识、思维到实践是一个完整的专业技能学习和提升过程，各个环节紧密关联，既彼此促进，又互相制约，最终落脚点在于通过创造性劳动实现知识的价值放大功能。重视专业技能提升在大学专业教育中的重要性，就是要设法将劳动教育与专业教育相融合，从而改变大学生墨守成规的专业学习方式，训练学生敢于质疑、勇于破旧的专业学习思维和习惯。

（一）创新专业教育模式

知识源自实践而又服务于实践。大学阶段长期劳动教育缺位对专业教育效果的负效应显而易见，大学生就业后创造力不足的问题已经引起社会关注，高等教育也正在着力增强学生专业学习的能力，通过强化劳动实践为学生提供更多"边干边学"的机会，为专业理论知识的应用和创新创造条件。青年是社会上最富活力、最具创造性的群体，理应走在创新创造前列。

（二）激发创新思维

在过去应试教育背景下形成的"寻求标准答案式学习"在大学专业学习中仍然很普遍，如果大学生能够以提升专业技能为引导，重视对知识的理解和应用，而非单纯的记忆，将有利于打开思维空间，让专业学习鲜活和有趣起来，从而调动起自己的创新积极性，养成善疑善思的学习习惯。高校加强劳动教育实际上就是以专业技能提升为线索的教育改革，是强化专业劳育的重要体现，是引导大学生创造性学习的重要方式。在积极接受专业劳育的过程中，大学生将有机会领悟劳动的意义，逐步形成勤俭、奋斗、创新、奉献的劳动精神。

（三）塑造创新文化

教育具有文化本性，文化具有育人功能，高校创新人才的脱颖而出需要先进文化的陶冶。[1]过去很长一段时间，专业教育与劳动教育脱节，大学课堂上创新氛围缺失。在大学生群体中，持有劳动就是重复性肢体活动看法的不在少数，对于通过技能与思维相连接的创造性劳动认识明显不足，这种校园文化成为专业学习中普遍缺乏动力的重要原因。换言之，专业教育与劳动教育的有机融合能够发挥"劳动助力专业落地，专业推动劳动升华"的双向互促效应，能更好地将经济发展路径和人才成长路径统一起来，营造一种崇尚劳动、主动创新和乐于创新的文化氛围。

第三节　大学生专业技能的培养

高等教育阶段的专业性更强，学生毕业后距离劳动力市场更近，因而大学劳动教育更加突出专业知识与劳动技能的融合提升，更注重通过劳动教育增强学生的专业应用能力和劳动创造能力。大学生专业技能的提升需要掌握系统的专业知识，形成坚实的专业理论支撑，在此基础上不断强化专业思维培养，积极参加各种形式的专业实践活动，围绕职业发展加强创造性劳动训练。

一、掌握系统专业知识

大学生要充分认识到专业知识是专业技能的基础，在校期间将更多精力放在专业知识的学习方面，夯实专业基础理论，系统掌握专业结构和主要方法，及时

---

[1]　邢亮，乔万敏. 文化视阈下的高校创新人才培养 [J]. 教育研究，2012（1）：9-11.

跟踪专业发展新动向，在整个职业生涯中保持专业学习的热情和习惯。

（一）夯实专业基础理论

一门专业无论怎么发展，核心概念和知识架构都是稳定的，构成了整个专业大厦的地基和框架。学无止境，大学生在专业学习中要遵循基本学习顺序，在开始阶段一定要打牢基础，注重对核心概念的推敲和对基本理论的研读，利用1～2年的初步学习，在头脑中构建起基本的专业理论体系。在具体操作上就是要注重核心基础课的精细化学习，像经济学相关专业的《西方经济学》《政治经济学》，法律相关专业的《法理学》《宪法》《民法》《刑法》等，医学类专业的《人体解剖学》《生理学》等。通过仔细研读这些课程，逐步形成专业基础素养，为日后的自学和深学奠定基础。

（二）掌握主要专业方法

高等教育阶段的专业学习不以记忆为主，而以方法为重。进入大学校门后，要尽快转变观念，把增强学习主动性和改进学习方法作为个人素养提升的重要任务。尤其在专业课学习中，务必要熟悉主流理论从假设到推演逻辑再到主要结论的整体认知，还要多看一些历史类、方法类、流派类、比较类的课程或文献资料，打开专业学习的视野。同时要清醒地认识到，世界始终处在运动变化之中，任何一门学科的专业知识随时都可能出现新的研究方法、领域、观点或内容，所有人都需要树立起终身学习的理念，高年级大学生则应当随时跟踪专业发展前沿动态，及时跟进、更新专业知识，确保专业储备跟上学科前进的步伐。

二、强化专业逻辑思维

专业思维是用专业的方式对问题进行迅速准确归类的思维，实质上是一种看待和思考某类问题的专业习惯。面对同一个现象，当非专业人士还在迷惑不解时，专业人员当即就能透过现象看到问题的本质，并清楚其中各因素之间的作用机理。系统掌握专业知识在一定程度上已经影响到了个人考虑问题的方式，但真正专业思维的形成仍然需要心怀专业使命感，善观察，勤思考，多讨论，用眼睛看到的现象印证书本中学到的专业知识，用反复琢磨的方式强化对专业逻辑的认知，用启发交流工具打开专业思维的空间。

（一）心怀专业使命感

一门专业的理论知识都是前人辛勤劳动的凝结，而一门专业的实践活动都将是国家经济社会建设的重要组成部分。强化专业思维就是要不仅懂得专业学习对自身成长的意义，还要清楚专业所承担的社会责任，把劳动素养作为个人自我评价的重要依据。心怀专业使命感，就需要在日常学习、工作和生活中处处留意本专业领域的各种现象，从点滴小处着手，仔细观察并尝试用专业的眼光看待周围的事物，勤于思考，并尝试用专业的理论分析身边的事件，经常训练并努力用专业的方法解决自己遇到的问题。

（二）开展深层次专业逻辑训练

观察和思考能够帮助我们进行浅层次的专业思维训练。真正要在专业领域有所建树，还要脱离书本，跳出个人思考问题的习惯，有针对性地进行专业交流，寻求专业思维碰撞。每年全国各大高校、专业研究机构、行业协会、政府相关部门都会组织不同层次不同类型的专业交流会，这正是大学生深入理解专业逻辑、进行深层次专业思维训练的难得机会。通过积极参加相关会议，聆听专业领域内不同的声音，捕捉专业最前沿的信息，不断提升专业敏感度，持续强化专业思维习惯。最为重要的是，通过聆听劳模大讲堂、大国工匠进校园、优秀毕业生报告会等活动中的劳动榜样人物事迹，近距离接触劳动模范，观摩精湛技艺，感受并领悟勤勉敬业的劳动精神，让专业思维逐步深入内心。

三、积极参与专业实践

专业实践是将专业知识转化为专业技能最为重要的环节，也是高等教育阶段长期未能很好解决的问题。通过积极参与专业实践活动，大学生不仅能够更多地了解社会和国情，锻炼意志，培养品格，增强社会责任感，还可以深化对专业理论的认知，进一步拓展专业思维，巩固和提高专业技能，并将其转化为职业发展能力。

（一）专业实践活动

加强实践教学的必要性基本得到了多数人的认可，因而各专业培养方案中都会适当安排一些专业实践活动。在校大学生首先要利用好这些专业实践的机会，锻炼自己专业知识应用的能力。通过积极参与课堂讨论、课堂情景教学模拟、专业实验实训课、毕业设计（论文）、拜访劳模工作室或技能大师工作室等了解专业实践的思路和领域；通过校内勤工助学、金工实习、大学生创新创业项目、寒暑假社会调查等训练专业实践的具体方法；通过在高校持股企业或在高校与市场组织合建的实习基地兼职，切实感受从专业知识到职业技能的差异，提高专业动手能力。

（二）各类社会实践

学生的本职工作主要还是知识的吸收和储备，同步完成学校规定的专业实践教学任务。但随着国家经济实力的增强、市场活动频率的增加、各类信息手段的广泛应用，为学有余力的大学生提供了跨出校门、进一步提升专业实践能力的机会：一是提前加入劳动大军，以社会兼职或专业实习的形式体验职场生活，边干边学，运用专业知识解决工作中遇到的实际问题；二是积极参加行业主管部门、行业协会、大型企业、高校专业联盟等组织的各类专业技能大赛，在竞争中提升自己的专业实践能力；三是注重自身公共服务意识的培养，结合"三支一扶"、大学生志愿服务西部计划、"青年红色筑梦之旅""三下乡"等社会实践活动参与服务性劳动，强化公共服务意识和面对危机主动作为的奉献精神，运用专业知识和专业技能回馈社会。

（三）提升劳动创造力

知识经济时代，学习已成为终身大事，专业技能提升也需贯穿职业生涯始终。在校大学生应当早立志，早谋划，早动手，尽早明确自己的职业发展方向和目标，并围绕这一主线开展专业知识学习，提升专业技能，着重训练自身劳动创造力。一方面，认真学习学校开设的劳动教育课程和就业指导课程，尽早进行职业生涯发展规划，确定不同时期职业阶段性目标，针对实现目标的能力要求明确专业技能提升重点，有意识地参与相关专业技能培训，提前掌握入职必备技能。另一方面，主动谋划与自身职业计划相关的创新创业活动，利用好各类青年创新创业基金提供的平台，组建或加入相关创业团队，结合学科专业开展生产劳动和服务性劳动，重视新知识、新技术、新工艺、新方法应用，创造性地解决实际问题，增强诚实劳动意识，积累职业经验，培育创造性劳动能力和诚实守信的合法劳动意识，提升就业创业能力，高起点训练专业技能水平。

第五章　劳动文化中的职业教育

　　作为当代大学生，无论未来从事什么职业，具备良好的职业道德，是构建良好的职业素质的前提条件。从现在起就必须培养发扬主人翁的责任感和敬业精神，脚踏实地学习、工作，尽职尽责完成各项学习工作任务，始终保持高昂的热情和干劲，切实提高自身职业素养，切实提高自身学习、工作水平。

　　大学生是未来社会主义现代化建设的主力军，具备良好的职业道德、职业意识和职业责任是学生未来走入职场的前提保障。因此，需要在校大学生提前做好对职业精神方面的培养和准备，要知晓职业道德，养成职业意识，明确职业责任的使命担当。本章为劳动文化中的职业教育，主要描述了培养大学生的职业意识、培养大学生职业责任和职业道德两方面的内容。

第一节　培养大学生的职业意识

一、理解职业意识

（一）职业意识的概念

职业意识是指作为职业人所具有的意识，它是人们对职业劳动的认识、评价、情感和态度等心理成分的综合反映，是职业道德、职业操守、职业行为等职业要素的总和，是支配和调控全部职业行为和职业活动的调节器。

职业意识包含经营意识、前瞻意识、营销意识、全局意识、危机意识、安全意识、角色意识、自动意识、表率意识、责任意识、诚信意识、规则意识、自律意识、问题意识、自信意识、竞争意识、沟通意识、团队意识、服务意识、创新意识、效率意识等方面。

（二）职业意识的重要性

马克思主义哲学告诉人们，存在决定意识，意识对存在具有反作用。职业意识对大学生的职业社会化起着重要的作用。大多数人认为职业意识是对所从事的专业的认同，因而，职业意识可以最大限度地激发人的活力和创造性，是敬业精神的前提。职业意识强的人会在工作中努力拼搏、奋斗不息。积极健康的职业意识有助于大学生职业选择的顺利实现以及职业生涯的顺利发展和事业的成功。

二、提升职业意识的基本要求及途径

提升职业意识具体要从树立职业理想、强化职业责任、遵守职业纪律、提高职业技能、提升职业道德五个方面做起。

（一）树立职业理想

职业理想指人们在职业上依据社会要求和个人条件，借想象而确立的奋斗目标，即个人渴望达到的职业境界。它是人们实现个人生活理想、道德理想和社会理想的手段，并受社会理想的制约。职业理想是人们对职业活动和职业成就的超前反映，与人的价值观、职业期待、职业目标密切相关的，并与世界观、人生观密切相关。

职业理想是职业选择的向导，是取得职业成功的推动力，是事业成功的精神支柱。要树立正确的职业理想，必须做到以下几点：

1. 全面地认识自己

要树立正确的职业理想，首先要全面地认识自己。一要全面认识自己的生理特点，主要包括性别、身高、体重、视力、健康状况、体质和相貌等；二要全面认识自己的心理特点，主要包括兴趣、能力、气质和性格特点、人格类型以及道德品质等；三要全面认识自己的学习水平和将来可能达到的状态；四要正确认识自己的身心特点、学识能力等与未来职业需要之间的差距，要在全面认识自己的基础上，结合自己的发展潜力，对自己进行合理的定位。

2. 全面地了解社会

树立正确的职业理想，要全面、科学地了解社会、了解职业。一要了解党和国家的路线、方针、政策；二要了解我国社会的经济构成及发展状况；三要了解我国的基本国情；四要了解各地区的产业结构、行业结构和职业结构；五要了解各种产业、行业和职业对职工共同的基本要求和不同的具体要求；六要了解自己所学专业所对应的职业群，以及该职业群在社会主义建设中的地位和作用；七要了解该职业群中各种职业的社会价值、工作性质、工作条件、工作待遇、从业人员的发展前途，以及该职业群中各种职业对人员的素质要求，包括学历、专业、性别、智力、体力、性格等方面的要求。

3. 树立正确的人生观

人生观是人们对于人生目的和人生意义的根本看法和根本态度，不同的人生观会产生对人生的不同看法和不同态度，而对人生的不同看法和不同态度，则会导致人们选择不同的人生道路。因此，要根据时代和社会发展的要求，坚持以辩证唯物主义和历史唯物主义的立场、观点和方法看待人生，坚持以最广大人民群众的根本利益为核心，坚持以实现社会主义的共同理想为目标，不断加强学习，不断提高自己的思想觉悟，不断提高自己的思想素质、文化素质、能力素质，不断地完善自我，做到自尊、自爱、自强，树立正确的价值观、苦乐观、幸福观、荣辱观，进而树立为人民服务的正确的人生观。

4. 树立正确的职业观

职业观是人们在选择职业与从事职业所持的基本观点和基本态度，是理想在职业问题上的反映，是人生观的重要组成部分。职业观具有三个基本要素：一是维持生活，二是发展个性，三是承担社会义务。在三个基本要素中哪一个要素占主导地位，将决定一个人职业观的类型与层次。正确的职业观是把三个基本要素统一起来，以承担社会义务作为主导方向。有不同的职业观，就有不同的职业理想。

（二）强化职业责任

所谓职业责任就是清楚明了地知道什么是责任，并自觉、认真地履行职业职责和参加职业活动，把责任转化到行动中去的心理特征。具备责任意识，再危险的工作也能减少风险；缺乏责任意识，再安全的岗位也会出现险情。职业责任意识强，再大的困难也可以克服；职业责任意识差，很小的问题也可能酿成大祸。有职业责任意识的人，受人尊敬，招人喜爱，让人放心。

强化职业责任意识，要从以下三方面来践行：

1. 责任教育

主要从大、小两方面来讲：大的方面是引导人们树立正确的世界观、人生观和价值观，把个人的前途命运融入中国特色社会主义的伟大事业中；着眼于服务和奉献，引导人们服务他人、奉献社会，在这一过程中实现个人的正当利益；着眼于爱国主义和集体主义，引导人们把国家、集体、个人的利益有机结合起来，坚持国家利益、集体利益高于个人利益；着眼于职业道德和职业精神，引导人们把职业目标同远大理想结合起来，在自己的岗位上忠实地履行对社会、对国家、对人民的责任，自觉地把责任意识转化到"全心全意为人民服务"的行动中去。小的方面是做好自己的本职工作，每个人的尽责是对集体的尽责，每个集体的尽责是对社会的尽责。应在全社会共同营造这样一种风气和氛围：负责任光荣，不负责任可耻。

2.培养勇于负责、敢于负责的精神

勇于承担责任是中华民族传统美德。大禹治水"三过家门而不入",诸葛任事"鞠躬尽瘁,死而后已";范仲淹挥写"先天下之忧而忧,后天下之乐而乐",文天祥高歌"人生自古谁无死,留取丹心照汗青"。不怕牺牲、尽忠职守、责在人先,是志士仁人相传的思想标杆,是后世子孙生生不息的精神动力。

3.责任建设,以制为本

讲责任,也要讲责任制;有履责要求,也要有责任追究。落实责任制,一在履责,二在问责。没有问责,责任制形同虚设。问责,要贯穿到履责的全过程。事前问责是提醒,事中问责是督促,事后问责是诫勉。对认真负责的,要给予奖励和表彰;失职渎职的,要予以追究和惩罚。只有把责任和责任制统一起来,把履责和问责结合起来,才能确立一种良性的责任导向,增强责任心、培育责任感、提高责任意识。

(三)遵守职业纪律

自觉遵守职业纪律是履行岗位职责的前提条件。没有规矩不成方圆,如果人们对职业纪律置之不理,就会出现有令不行、有章不循的现象,必然导致工作出现无序和混乱。因此,在工作中只有人人自觉遵守工作的规章制度,照章办事,才能使各项工作井然有序,从而提高工作效率。

(四)提高职业技能

职业技能,是指大学生将来就业所需的技术和能力。职业技能不仅能在人们确立职业态度、明确职业理想的过程中起到积极作用,而且也是从业者职业理想付诸实现的重要保障。大学生的职业技能是能否顺利就业的前提。如今,高职院校正在推广实行"1+X证书制度",即"学历证书 + 若干职业技能等级证书"双证,其目的就是引导高职学生在获取专科学历证书的同时,也能够获得相关职业资格认证,使双证并重互通。提高职业技能,要做到以下几点:

1.要掌握扎实的专业理论基础

理论来源于实践,也能指导实践。没有理论的实践是盲目的实践。

2. 要勤动手，多实践

实践出真知，实践是检验真理的唯一标准。问题唯有自己亲自处理，印象才会深刻，下次处理同样问题时才不致盲目，处理速度才会加快。处理问题的经验也是从亲自动手实践中来。

3. 要熟悉职业岗位业务

唯有了解业务，熟悉设备，弄懂工作流程，才能更好地巩固职业技能，更快地使用和操作相应的设备。多巡检，多处理问题，这也是熟悉职业岗位业务的有效途径。

4. 要勤学好问，多向师傅请教

对于不懂的问题要有打破砂锅问到底的精神，弄懂为止。师傅们工作时间长，经验丰富，有很多值得新人学习的地方。对于师傅讲过的东西，要熟记于心，领会贯通，并用于自己的行动之中。

5. 要学会总结经验和教训

每次处理解决问题之后，要进行总结，哪里做得不好，哪里做得好；做得不好的，下次吸取教训；做得好的，继续发扬。经验会使人进步和成熟，一次做得不好，第二次就应该尽量做好。

（五）提升职业道德

职业道德规范的主要内容有：爱岗敬业、诚实守信、办事公道、服务群众、奉献社会等。提升职业道德，首先，要树立正确的人生观；其次，要从培养良好的行为习惯着手；最后，要学习先进人物的优秀品质，不断激励自己。此外还可通过以下几点有效提升职业道德：

（1）学习职业道德规范、掌握职业道德知识。

（2）努力学习现代科学文化知识和专业技能，提高文化素养。

（3）经常进行自我反思，增强自律性。

（4）提高精神境界，努力做到"慎独"。

第二节　培养大学生职业责任和职业道德

一、培养大学生职业责任

（一）职业责任的特点和种类

职业责任是指人们在一定职业活动中所承担的特定的职责，它包括人们应该做的工作和应该承担的义务。职业责任是由社会分工决定的，是职业活动的中心，也是构成特定职业的基础，往往通过行政的甚至法律的方式加以确定和维护。

职业责任有三个特点：一是职业责任具有明确的规定性，二是职业责任与物质利益存在直接关系，三是职业责任具有法律及其纪律的强制性。

职业责任的种类可分为消极责任和积极责任两种。消极责任是把责任作为一种义务的责任，是关于在给定状态下谁来承担责任的问题，即在事情发生后所要承担的责任。消极责任的一个中心问题是"你为什么那么做"；而积极责任则重点强调当前状态下的活动，或是对未来不希望发生的事情的阻止行为，它的中心问题是"需要做什么"。新时代职业责任有了更为丰富的内涵，包含个人责任、对家庭的责任、对组织的责任和对社会的责任四个层面。其中，个人责任最为重要，是其他一切责任的基础。

（二）职业责任的内容

1.肩负的职责和应尽的义务

（1）对个人的责任

从本质上说，责任是一种与生俱来的使命，它伴随着每一个生命的始终，是生命价值的体现。人可以不伟大，也可以清贫，但不可以没有责任感。扛起了责任，就是扛起了信念，扛起了生命的机制。个人的责任就是自我产生的责任，是自己对自己负责，自己就是自己的主管，能够对自己进行评判。

（2）对集体的责任

这是从业人员对自己供职单位所承担的职责和义务。不同职业或不同岗位的责任是不同的，其责任大小也是有差别的。一般而言，管理者的责任都大于普通员工的责任，职业责任与职业行为相伴随行。无论是管理者还是普通员工，在职业行为之前必须明确责任意识，对工作尽心尽力，就是对集体的负责，就是勇于担当对集体的责任。在实际工作中，那些有职业责任感的人不仅在工作中严谨认真、一丝不苟，而且总是主动承担工作中的过失。

（3）对社会的责任和义务

社会学家戴维斯认为放弃了自己对社会的责任，就意味着放弃了自己在这个社会中更好的生存机会。每个人都是社会的一分子，每个人都应该承担一定社会责任。正是因为社会分工赋予了各种职业的各种责任。每个职业人都应该明确自己的职业和社会之间的联系，明确其中的社会责任和义务。

2. 承担的后果和责任

责任是人天赋的职责和使命，它是永恒的职业精神。我们时刻都要对自己的行为负责，对家庭负责，对工作负责，对社会负责。一个缺乏责任感的人，或者一个不负责任的人，会失去自己的信誉和尊严，会失去别人对自己的信任和尊重，也得不到别人对自己的认可。每一种职业都有相关的法律法规和职业道德规范来规定从业者的职业行为及其因此而承担的责任。职业责任的承担形式不一，主要有道德责任、纪律责任、行政责任、民事责任和刑事责任五种。

（1）道德责任

道德责任是指从业人员在履行职业职责的过程中，由于违反职业道德而受到同行的批评、社会舆论的谴责或自我良心的谴责。这是从业人员最基本的一种承担职业责任形式。

（2）纪律责任

纪律责任是指从业人员在履行职业职责的过程中，因违反职业规范、职业纪律而应当受到的纪律处分，纪律处分一般有警告、记过、记大过、降级、降职、撤职、开除等。

（3）行政责任

行政责任是指从业人员在履行职业职责的过程中，因违反行政法规而依法应当承担的责任。如对律师的行政处罚就有警告、没收违法所得、停止营业、吊销执业证书等方式。

（4）民事责任

民事责任是指从业人员在履行职业职责的过程中，因故意或过失而违反了有关法律、法规或职业纪律，构成民事侵权、形成债权债务关系等依法应当承担的责任。

（5）刑事责任

刑事责任是指从业人员在履行职业职责过程中，因个人行为给国家、集体或个人造成损失、伤害，并触犯了刑法的有关规定依法应当承担的责任。

（三）提升职业责任感

大哲学家柏拉图认为，只要社会上从事各种职业的人各尽其责、各司其职，那么就会出现正义的社会[①]。每个人根据自己所从事的职业，做自己应该做的事，完成自己应担负的工作，那么国家就会和谐，个人就会实现幸福。在人的一生中，人们都应该通过自己的努力和行为来履行自己的义务，积累自身的财富。持久而良好的职业职责是每一个人应具备的最起码的品格。职业责任感是职业人的第一素质。不管从事什么职业，缺乏职业责任感的后果都是非常严重的。大学生可以通过以下几种方式提高自己的职业责任感：

1. 强化思想道德意识

作为当代大学生，强化思想道德意识是必修的课程。每个人的道德觉悟和水平因政治因素、经济状况和文化素养的影响都不同。但是责任心是国家对每名公民、社会对每位成员、企业对每名员工共同的道德要求。构建好思想道德意识是提升职业责任感的根基，是衡量一个人思想道德品质的一个重要尺度。

2. 培养责任意识

就即将步入社会的大学生而言，在责任意识方面存在一定的弱化和缺失，主要表现为：自我意识浓重，个人责任淡化；公德和纪律意识低下，角色责任弱化；个人责任与社会责任错位。其原因如下：一是受不良社会风气的影响，二是德育教育的不足导致学生责任意识缺失，三是家庭教育的疏离是造成学生责任意识缺

---

① 张秉让，刘浦滨. 构建和谐社会的精神家园 [M]. 太原：山西经济出版社，2006.

失的重要因素，四是大学生心理发展的矛盾是形成其责任意识缺失的关键因素。因此，在进入职场前，大学生必须明确责任，明确职业责任，有效培养和提升职业责任意识。

3. 提高主动性

职业责任感的形成与工作的主动性是相辅相成、辩证统一的关系，责任感是主动性的内在基础，主动性是责任感的外在表现，责任感因为主动性而起作用。

作为一个有高度责任感的职业人，实现自己的理想和自身价值才是最主要的。当我们对工作充满强烈的责任感时，人们就得更主动的从中学习其中的行业知识，培养对这份工作的兴趣，同时也有了更加饱满的工作热情。只有抱着这种价值观，才会真正激发起我们的职业责任感，在工作中自觉发挥主动性，更好地挖掘自身潜力，以更积极、更强烈的工作热情投入工作。只有这样，才可能在工作中不断取得进步，收获成功。

4. 认认真真做事

工作责任感的强烈与否，体现了一个人的工作态度。态度决定一切，是尽自己最大的努力去完成任务，还是随便敷衍了事，这一点，也正是事业成功者和事业不成功者的分水岭，有人说成功的人的品质都是一样的，而不成功的人却是各有各的不同。一个人是否可靠，是否可以托付，是通过一件件事情的完成程度来感觉和判断的。弄虚作假，早晚会被察觉，因为虚假的事情，无法自圆其说。比如在公交车上的司售人员，能把行车所载的乘客安全送达并做到几年如一日，在拥挤的城市中穿梭，在复杂的路面上平稳安全的启车、转弯行驶。当责任感从一朝一夕到年复一年地践行着，事实证明强烈的责任感它虽然不能使我们的工作由平凡变为高尚，但它能提升我们的工作能力和工作品质。

5. 进行自我反思

在日常工作中，企业判断员工有无责任意识的一个标准就是员工是否会为工作未达到目标而找借口。工作中，一旦没有达到预期目标，找借口不仅于事无补，反而会分散精力、浪费时间，养成推脱责任、散漫慵懒的工作作风。但凡成功的人，都是敢于承担责任、从来不找任何借口的人。员工要养成"不找借口找原因"的思维习惯，一旦工作中出现失误，能勇于负责，时常进行自我反思与自我批评把精力集中在解决问题上，减小失误带来的损失。

6. 重视过程和结果

对企业来说，既能够做事情，又出结果的员工才是好员工。有人说："过程比结果重要。"其实，过程和结果没必要分得那么清楚。因为，过程决定结果。有些人说他在过程中努力了，但是没有成功，所以他认为过程不重要。

7. 想方设法履行承诺

在工作约定进行过程中，遇到事先没有预想到的困难如何保证承诺的兑现呢？不重视约定的人，总是强调客观原因。而遵守约定的人，则能够承担个人利益的牺牲，千方百计地履行承诺。

二、培养大学生职业道德

（一）认识职业道德

1. 职业道德的概念

道德是指人们在长期的劳动、生产、生活中形成的被普遍接受的具有社会规范性的思想观念和行为准则。不同的社会制度，不同的社会阶层都有不同的道德标准。

职业道德是指从事某一行业中的人们在长期的生产、经营、管理活动中形成的被本行业中绝大多数人所接受的，本行业中有普遍约束力的思想观念和行为准则。

职业道德的概念有广义和狭义之分。广义的职业道德是从业者在职业活动中应该遵循的符合自身职业特点的行为规范，是人们通过学习与实践养成的优良职业品质，它涉及了从业人员与服务对象、职业与职工、职业与职业之间的关系。狭义的职业道德是在一定职业活动中应遵循、体现一定职业特征的、调整一定职业关系和职业行为准则和规范。不同的职业人员在特定的职业活动中形成了特殊的职业关系，包括了职业主体与职业服务对象之间的关系、职业团体之间的关系、同一职业团体内部人与人之间的关系，以及职业劳动者、职业团体与国家之间的关系。

2. 职业道德的本质

（1）职业道德是社会关系所决定的社会意识形态

职业道德虽然是在特定的职业生活中形成的，但它作为一种社会意识形态，则深深根植于社会经济关系之中，决定于社会经济关系之中，职业道德随着社会经济关系的变化而变化。

（2）职业道德是职业活动对职业行为的道德要求

没有相应的道德规范，职业活动就不可能真正担负起它的社会职能。职业道德是职业活动自身的一种必要的生存与发展条件，是职业活动引导职业行为的必然要求。

（3）职业道德是调节职业活动的各种职业关系的手段

在职业关系中，职业道德发挥着巨大的调节作用，职业道德就是作为适应并调整职业生活和职业关系的行为规范而产生的。

（二）职业道德的内涵

职业道德的基本范畴是职业道德体系的重要组成部分。

1. 职业义务

职业义务主要是指在职业活动中，在道德上应尽的责任和不求回报的奉献。具体含义有三层：一是指公民和法人按法律规定应尽的责任，二是指在道德上应尽的责任，三是指不求回报的奉献。同时，职业义务具有利他性和无偿性的两个基本特点。利他性是指从业人员在尽职业义务时，实际上作出了有利于他人、有利于社会的行为，这种行为的客观效果是对他人有利，而不是对自己有利，甚至有时还要作出某种程度上的自我牺牲。无偿性是指从业人员在履行职业义务时，不把履行职业义务与谋求个人权利和回报联系在一起，也就是说，它是一种"不求回报"的奉献。作为未来走入职场的大学毕业生而言要努力培养自己的职业义务感，自觉主动地履行职业义务，全心全意为人民服务。

2. 职业责任

职业责任主要是指从事某种职业的个人，对他人、集体（班组、部门、单位、行业）和社会所承担的责任。行业不同责任不同，但忠于职守、尽心尽力、保质保量完成工作，是共同的职业责任要求。其特点主要有：一是差异性，二是独立性，三是强制性。不同职业岗位的性质、功能、业务规范以及技术要求均不相同，因此职业责任也互不相同，体现其差异性。不同岗位的职业权利有时相互独立，这种独立性决定了各自的职业责任具有排他性，不能受他人干预。职业责任一般通过制定具体的规章制度、岗位职责、条例等来表现，体现其强制性。作为当代未来走入职场的大学毕业生而言，就业后一是要认真履行职业职责，做好本职工作；二是要尽快熟悉业务，与同事协同配合；三是处理好关系，将国家和集体利益放在第一位，个人利益要服从国家、集体利益。

3. 职业纪律

职业纪律一般是指由国家、机关、企事业单位等组织制定的规章、条文等人们要共同遵守的行为准则。其特点主要有：一是一致性，二是特殊性，三是强制性。不同行业的职业纪律基本要求是一致的，并主要反映在组织、劳动、财经和群众纪律方面体现其一致性。每种行业的特点不同，在职业纪律方面也按其特殊要求区别开体现其特殊性。在职业活动中，不遵守职业纪律，会根据情节轻重、态度好坏，给予行政或经济的制裁体现其强制性。作为未来走入职场的大学毕业生而言，要明确职业纪律，避免无知违纪。要严守职业纪律，不能明知故犯。

4. 职业良心

职业良心一般是指从业人员在履行义务的过程中所形成的职业责任感，以及对自己职业行为的稳定的自我评价与自我调节的能力。其特点主要有三方面：一是时代性，二是内隐性，三是自育性。职业良心是人们在职业生活中逐渐形成的，它与时代紧密联系体现其时代性。它是一种具有看不见、摸不着、不直接受外力约束道德情感，体现其内隐性。在职业生活中，职业良心经过自我培养、自我教育形成体现其自育性。对未来走入职场的大学毕业生而言，要自觉培养自身的职业良心，做好职业活动前的筛选导向，在职业活动中做好监督调节，在职业活动后要进行总结批评。

5. 职业荣誉

职业荣誉一般是指从业者对自己的职业行为所具有的社会价值的自我意识和自我体验。其特点包括：一是阶级性，二是激励性，三是多样性。时代不同、职业荣誉的内涵也不尽相同，使职业荣誉随时代的变迁体现出阶级性。社会通常把从业人员对单位、对社会的贡献的大小同荣誉联系起来，贡献越大，荣誉的级别也就越高，体现其激励性。职业活动的内容多种多样，获得职业荣誉的形式也多种多样。作为未来走入职场的大学毕业生而言，要树立正确的争取职业荣誉的动机、使用正确获得职业荣誉的手段，谦虚对待获得的职业荣誉。

6. 职业幸福

职业幸福一般是指从业人员在具体的职业活动中，由于奋斗目标、职业理想的实现而获得的精神上的满足和愉悦。其特点包括：一是阶级性，二是层次性，三是广泛性。不同的阶级对职业幸福的理解不同，所以，不同阶级的职业幸福不同，体现其阶级性。不同层次的职业人员都与自己所处层次相对应的职业幸福，体现其层次性。每种职业，每位从业人员都有自己的职业幸福指数，体现其广泛性。对未来走入职场的大学毕业生而言，要正确处理好个人幸福与集体幸福之间的关系，要正确处理好物质生活与精神生活的关系，要正确处理好创造职业幸福和享受职业幸福的关系。

7. 职业权力

职业权力一是指政治方面的强制力量；二是指职责范围内的支配力量。其特点如下：一是具有权威性，二是具有利己性，三是具有隐蔽性。在职业活动中对他人、对其他行业有很强的约束力量和支配力量。体现其权威性；它可以给自己带来利益和好处，不像职业义务那样有从业人员作出某种牺牲，为他人为社会谋利益，体现其利己性；职业人员在行使职业权力时，有不被人警觉的一面，体现其隐蔽性。树立正确的职业权力观，正确使用手中的权力以及敢于抵制滥用权力的不正之风是正确行使职业权力的基本要求。对未来走入职场的大学毕业生而言，要明确职业权力，将其应用于职业发展，服务于人民事业。不能以权谋私，做超出权力范围内的事宜，更不要滥用职权，要同不良行为做斗争。

（三）职业道德养成与规范

1. 爱岗敬业，尽职尽责

敬业就是敬重自己的工作，把使命注入自己的工作当中，并从努力工作中找到人生的意义，敬业就是对自己负责，工作态度的好坏决定工作成败，认真就是工作敬业的表现。认真工作是提升自己的最佳办法，将工作的每一项任务，都做到极致，做到足够好，美好和使命自然涌现。

2. 满腔热情，热忱服务

好的服务意识是职场必备的素质，培养服务意识包括三个方面：第一，热爱自己的工作和工作环境。第二，学会服务沟通的技巧（尊重备至、温良谦恭、彬彬有礼、真诚质朴）。第三，具备娴熟的业务技能。

3. 精益求精，讲究质量

精益求精、讲究质量关系到企业发展和人民群众的切身利益，它是企业的生命和未来，它是经济发展、净化社会风气的必然要求，也是从业人员恪守职业道德的要求。国家和人民赋予了当代大学生更多的责任，在未来的社会工作中，他们必须有高度的责任感和敬业精神，树立精益求精、讲究质量的职业道德意识。

4. 诚实守信，服务群众

讲求信誉、诚实守信是社会交往中应遵循的道德准则，在社会生活中有着重要的作用。它是做人做事的根本，人们不仅需要靠思想、情感、兴趣、爱好等相互吸引，还要靠讲求信誉、诚实守信来维系。它是个人成就事业的根基，是每个人在职业生涯中得以在市场竞争立足的基本条件。此外，作为公司的员工，对公司忠诚是员工素质的必要条件。

第六章　劳动文化中的团队精神培养

伴随着消费和审美需求的升级，"品位""小清新"等个性化标签成为左右生产价值的重要指标，人们的劳动价值观也受到"私人定制"等生产方式的影响。一方面，个体劳动被人们抬升至一个前所未有的高度，个人的意志、话语和知识在社会生产当中变得愈发重要。另一方面，人类劳动的性质愈加复杂，个人又必须借助集体支撑起的庞大关系链条来获取其所需的生产与生活资料，并在集体交往中满足其心理需要，个人的发展更加依赖集体力量。本章为劳动文化中的团队精神培养，主要对集体劳动内涵、集体劳动与团队精神、团队精神培养几个方面的内容进行了论述。

第一节　集体劳动内涵

个体为了生存需要谋求与其他个体进行合作。通过理性合作、集体劳动的方式，人类可以创造所需要的生产资料和生活资料，来解决生存问题，让生活更美好。人类社会许多事都存在分工与合作，个体劳动通过分工实现劳动合作，进而实现集体劳动。

个体劳动者不存在劳动管理问题。个体劳动者需要安排的只是自己的活动、自己的时间和资源的分配。但是，在集体劳动中，组织需要通过管理来安排和指导每个成员的工作，确定集体中每个人的工作任务和相互关系，为集体劳动的正常进行创造良好的条件和环境，促进组织目标的实现。集体劳动具有以下特点：

（一）目标一致

目标一致指的是在一个集体中大家都有意愿按照同样的价值体系来行事，每个个体方向与集体方向保持一致。保持目标一致，个体的能力才会得到充分发挥，集体的整体功能水平也才有望实现最大化。

集体劳动中既有人的因素，也有资源的因素，但能够把个体劳动联结在一个系统中的关键因素却是目标。有些人认为人们之所以集合在一起是因为利益，也有些人认为人们集合在一起是因为共同的理念，这两种看法在特定环境下都有可能成立，但利益和理念都无法成为真正且持久集合人群的因素。一群人在一起叫团伙，只有他们拥有了共同的目标才能称之为团队。不同的目标设计会导致不同的人群聚集在一起，并导致人们不同的行为选择和价值判断，也决定着集体劳动的价值和意义。

那么，如何才算是目标一致呢？这一问题可从两方面解读。一方面，目标要明确。如果团队的目标模棱两可，个体就会无所适从，各行其是，目标一致就无从谈起。如"提高客户的满意度"这句话描述得就不明确。因为它未能明确组织成员的行动方向。提高客户的满意度有许多具体做法，如减少客户投诉、使用规范礼貌的用语、采用规范的服务流程等。一个模糊的目标无法成为集体的行动指南，个体也就缺少了行动的指导。另一方面，目标可接受。集体目标若无法得到个体认可，成员各有所图，集体的力量将会被打散，从而无法把大家的努力凝聚起来。组织应该群策群力，集合集体中每个人的力量，共创目标。只有大家一起共创出来的目标，才能让每一个人心悦诚服地接受。目标制定好后，组织还需要通过宣传不断传递目标，直到集体中的每个人都能够明确目标、达成共识，从而降低目标执行的阻力。明确目标后，集体目标还要分解为个体目标。分解目标需要全员的参与，组织根据成员的经验、能力以及以往的表现，对其目标进行调整。

（二）职责明确

职责明确指的是每个个体劳动者都有明确的要承担的工作任务。个体身在集体之中，作为群体当中的成员，虽然各自发挥的职能不同，但个体之间是相互影响、相互联系的，共同构成一个有机整体。如果职责不规范清晰，则个体担当的责任与权力也不清晰，就会出现执行不力、计划滞后等问题。

集体劳动针对的是个体劳动不能或很难高效完成的工作。此时，个体劳动者必须同其他劳动者协同起来完成整个劳动过程。在此前提下，组织需要通过管理来安排和指导每个成员的工作，确定集体中每个人的工作任务和相互关系。组织必须明确个体的工作职责是什么内容，如该承担什么样的工作、担当什么样的责任、如何更好地去做、什么是不该做的等。职责明确是分工合作的基础，也只有分工明确，才能通过劳动体系的有序运行和个体劳动者的优势互补来提高整体工作效率。

在实际工作中，如何根据组织目标建立明确的职责体系，给集体中的每个个体劳动者分配明确的工作任务，是集体劳动有序进行的基本前提。职责明确需要注意四方面问题：一是专业化，专业化要明确个体完成工作任务所需要的技能要求，并通过完成工作任务的标准化流程进行技能塑造。工作流程和操作方式的合理与否，关系到完成任务的效果和效率，是提高劳动生产率的关键条件之一。二是标准化，标准化的目的是对工作内容、方式与结果进行规范性界定。通过建立这种规范，不仅便于个体掌握工作技能，还可以使不同成员间的工作具有可比性，从而提高工作效率。三是稳定化，把不同的工作内容分割开来并且稳定下来，才有可能建立个体之间的分工与协作。稳定化要完成的任务是目标分解、任务界定以及明确劳动者完成任务的内容。四是结构化，结构化是稳定化的结果，结构化涉及工作任务本身内容的组成形式，以及完成任务过程中所发生的人与人之间的协作关系。

（三）分工合作

分工是指明确组织中个体的工作范围和职责，分工内的工作热情和用心程度能反映出个体的工作效能。而合作是指整体范围内相互帮助、相互支持来完成工作。在某项事情上相互帮助、相互支持，展示出集体劳动的效能。合作的目的是明确的、单一性的，体现的是整体力量、相互的团结性。

集体劳动不同于个体劳动，其涉及团队内不同成员之间工作任务的分配与协调，分工合作在其中发挥着至关重要的作用。分工可以发挥团队中每个个体劳动者的特长，并在此基础上最大程度提升整体工作效率。合作要在"和"的条件下才能产生。当一个组织分成若干个部门、环节、岗位后，由于主客观原因，在部门、环节、岗位间难免出现摩擦、冲突，如不能及时地妥善解决，就会使协作受阻，力量内耗。这时，分工离开了合作，其积极作用就荡然无存了。

表面上看，"分工"与"合作"似乎是矛盾的，但实际上却是一对相辅相成的孪生兄弟，相互不能完全分开。有了分工就要有合作，有了合作才能体现集体的团结互助、相互支持的精神。分工可以使每个人专注于自己领域内的工作，有利于提高工作和创新效率，同时也有助于人才个体经验的积累和知识的完善。集体的合作又可以达成个体之间的优势互补，产生一种集群生产力和创造力，这是个体单独、离散的能力无法比拟的。

分工就好像人体各个器官的运作，各司其职，互不干扰。合作也如同人体各个器官的运作，无缝衔接，高度配合。分工需指明个体行为的规则和框架，让团队成员能够认清自己的任务，清楚团队的规则。在这个范围内，团队成员可以大胆完成自己的工作。所以，在分工的部分，规则和框架是核心。在分工的时候，个体的责任不能有交叉，否则团队只会是一盘散沙。有时候甚至会出现各自为政的独立王国。

合作中，团队成员相互信任、相互帮助、共同提高的精神力量在发挥作用。

集体劳动中，分工明晰，但务必相互支持，相互配合，做到齐头并进。集体要通过合作增加合力，同时坚持先分力后合力的顺序，谋求最大合力效果。

第二节　集体劳动与团队精神

随着商品经济的发展，社会分工进一步细化，对工厂手工业内部劳动分工提出了更高的要求，集体劳动应运而生。集体劳动为实现一致性的目标，需要在明确个体劳动者职责的前提下提升内部协作效率，集体主义在其中起到重要作用。团队精神是集体主义最重要的价值内核，只有以集体主义为基础形成的团队精神才能真正保障团队和个人两方面的利益。因此，培养团队精神对集体劳动目标的实现至关重要。

商品经济的快速发展加速了社会分工的进程，社会分工的细化进一步加强了对集体劳动的需求。而随着生产力的不断发展，复杂的工艺流程和系统化的工作安排，同样要求集体劳动中的不同个体劳动者加强彼此之间的协作以提升整体劳动的效率。其中，集体主义对集体劳动效率的提升起着至关重要的作用。

集体劳动是由参与集体劳动的不同个体共同完成的，这就不可避免地涉及集体与个体之间的关系，而如何看待两者之间的关系会直接影响集体劳动的产出效率。集体是与个人相对应的关系存在物，集体是由个人组成的集体，而个人总是集体中的个人。集体主义与个体主义是一组相对立的概念，其反映了两种不同的对待集体与个体的价值观念。

集体主义在内容上包含三个不可分割的方面：一是强调集体利益优先于个人利益，一切其他的道德规范以及与此相关的各种道德准则，都应当而且必须以这一原则为导向；二是强调集体利益和个人利益的辩证统一，国家利益、社会利益体现个人根本的、长远的利益，每个人的正当利益又都是集体利益不可分割的组成部分；三是强调个人的正当利益，集体主义能够促进和保障个人正当利益的实现，这不但与集体主义不相矛盾而且正是集体主义的应有之义。

个人主义的价值体系同样可以表述为以下三种与集体主义相对立的主张：一是一切价值均以个人为中心，二是个人本身就是目的，具有最高价值，社会只是达到个人目的的手段，三是一切个人在道义层面是平等的。个人主义作为一种价值目标，是一种从主观出发的个人中心论。

与个体劳动单纯追求个体目标不同，在集体劳动中有集体目标与个人目标的区别。因此，集体劳动首先需要确定一致的目标，在此基础上通过明确每个个体劳动者的职责来促进集体劳动内部的分工协作，进而实现集体目标。其中，集体目标的实现是每个个体劳动者实现自身目标的前提，而每个个体劳动者目标的实现则是集体目标实现的一部分。因此，为实现集体目标而贡献自身力量的集体主义在集体劳动中是不可或缺的，每个个体劳动者只有为了集体目标付出自身努力，才能在实现集体劳动目标的基础上实现自身目标。相反，如果集体劳动中的每个个人都以自身利益为中心，那么集体劳动的目标便无法保证，以集体利益为基础的个人利益同样无法保障。因此，集体主义是集体劳动必不可少的价值导向，是保证集体利益的根本途径。

第七章 劳动文化中的创造性能力培养

创新是民族进步的灵魂，是一个国家兴旺发达的不竭源泉，也是中华民族最深沉的民族禀赋。青年是社会上最富活力、最具创造性的群体，理应走在创新创造前列。本章为劳动文化中的创造性能力培养，分别讲述了创造性劳动内涵、创造性劳动能力与方法、大学生创造性劳动能力的培养三方面的内容。

第一节　创造性劳动内涵

一、创造性劳动的特点

创造性劳动通过人类体力和脑力的消耗创造出前所未有的使用价值，满足人们各方面的需要。作为一种特殊的人类劳动形态，创造性劳动既具有人类劳动的一般特点，同时又具有其独特性。

（一）能动性

劳动是人类所特有的活动，是一种有目的、有意识的能动活动。无论是创造性劳动还是重复性劳动，都是人类独具的主观能动性的表现。人的意识始终在劳动过程中起着支配作用，正是人的思维和意识使劳动表现为不同的形态。马克思在《资本论》中指出："我们要考察的是专属于人的劳动。蜘蛛的活动与织工的活动相似，蜜蜂建筑蜂房的本领使人间的许多建筑师感到惭愧。但是，最蹩脚的建筑师从一开始就比最灵巧的蜜蜂高明的地方，是他在用蜂蜡建筑蜂房以前，已经在自己的头脑中把它建成了……他不仅使自然物发生形式变化，同时他还在自然物中实现自己的目的。"因此，做什么、怎么做是在劳动之前和在劳动过程中由人的思维和主观意识决定的。创造性劳动来自人类思维的创造性，重复性劳动或模仿性劳动来自人类思维的重复性和模仿性。创造性思维引导了创造性劳动，培养和锻炼创造性思维方式对于能否进行创造性劳动至关重要。

（二）对象性

劳动过程是一个劳动者充分发挥主观能动性、借助劳动资料将自己的劳动传导到劳动对象上的过程。在劳动过程中，劳动者处于主动地位，对劳动过程起着主导和推动作用。劳动对象则是劳动过程的客体，在劳动过程中转化为满足人们各种需要的属性的物，也就是劳动产品，体现了劳动的对象性，是对象化的知识力量。自然界没有造出任何机器，没有造出机车、铁路、电报、自动走锭精纺机等等。它们是人的产业劳动的产物，是人的手创造出来的。劳动产品作为物化劳动的形式，满足人们需要的属性表现为它们的实用性，这种有用性就是劳动产品的使用价值。创造性劳动的本质特征就表现为在创造性思维的主导下生产和创造出前所未有的新的使用价值的过程。

（三）实践性

创造性劳动是在劳动实践中完成的，在劳动实践中才能使创造性劳动的主观能动性和客观对象性相结合转化为有用的劳动产品。如果空有创造性的思维或者创造性的灵感，并没有付诸实践使其通过创造性劳动过程转化为劳动成果，就不能将其称之为创造性劳动。光有想法没有行动永远都是空中楼阁，离开了创造性劳动的实践过程，再好的想法与灵感也无法转化为有用的劳动产品。因此，只有仰望星空与脚踏实地并存者才能走得到远方。只有通过在做中学、做中思、做中行，做到知行合一，才能实现理论与实践相统一，才能在劳动实践的过程中提高大学生的知识水平和创造性劳动的能力与素养。

（四）累积性

通过创造性劳动生产和创造出新的使用价值并不是一蹴而就的，而是一个不断重复、循环累积的过程。例如，爱迪生发明电灯、居里夫人发现放射性元素镭、弗莱明发现青霉素的过程，无一不是在实验室进行过无数次重复性实验的结果。只有在不断重复的过程中才能发现更好的方法，最后创造出新的产品、技术、方法或者理论。如果说创造性劳动更多地表现为劳动产品的质的突破，重复性劳动表现为劳动产品的量的积累，重复性劳动是创造性劳动的基础，没有重复性劳动的量的积累就没有创造性劳动的质的突破。可见，创造性劳动是一个由简单到复杂、由低级到高级的过程，也是一个在重复性劳动和模仿性劳动过程中不断积累创造性因素的基础上实现创造的发展过程。

二、创造性劳动的类型

人类进行劳动是源于自身物质生活的需要。人们通过劳动改造自然，以便生产出生活所需的各种物质产品。随着科学技术进步和社会分工不断深化，劳动生产力的提高使生产过程中的剩余产品不断增加，因而可以使一部分社会成员脱离生产劳动，去从事物质生产以外的各种活动，如认识自然规律及运用自然规律的科技活动、传播知识和启迪智慧的教育活动、获得以及维护人类健康的医疗活动等。因此，根据人类劳动形式的历史逻辑演变，可以将创造性劳动划分为创造性生产劳动和创造性非生产劳动两种类型。

（一）创造性生产劳动

生产性劳动是其他各种劳动的基础。生产性劳动创造的物质财富为其他形式的劳动提供了物质基础。创造性劳动包括创造和形成新的产品，例如福耀集团生产出的各种超紫外线隔绝玻璃、HUD抬头显示玻璃、钢化夹层隔音车窗玻璃、可随意切换光线的调光玻璃等。创造性劳动还包括在生产过程中对生产工艺的改进和突破，如对生产工艺流程、加工技术、操作方法、生产技术装备等方面的生产技术的开发和改进。

女工黄金娟通过创造性劳动完成的"电能表智能化计量检定技术与应用"项目成果获得了2017年国家科学技术进步奖二等奖，成为首位获得国家科技进步奖的女性技术工人。这一成果广泛应用于电力能源基础领域，攻克了传统电能表人工检定效率低下、质量控制困难等难关，首创了电能表计量检定智能化作业工法。黄金娟发明的同步接拆、新型封印、智能移载3项技术，创建了电能表检定节拍测算工具与质量溯源方法，实现了电能表计量检定由人工作业向智能化作业的变革，使工作效率提升了58倍。我国最年轻大国工匠洪家光带领团队研发的"航空发动机叶片磨削用滚轮精密制造技术"通过发明多因素耦合振动消减方法、超厚阴模高精度车削方法等，使叶片滚轮精密磨削精度提高至0.005mm，合格率由78%提高至92.1%，为国家新型战机、大飞机提供了关键技术支撑。这些工作在生产一线的技术工人通过他们的创造性劳动在推动技术创新、加快产业转型升级、提高企业竞争力等方面作出了重要贡献。

（二）创造性非生产劳动

创造性科研劳动是人们有目的、有计划、有意识地在已有认识的基础上，运用科学研究的方法，探索自然现象和社会现象的规律的认识过程。例如"杂交水稻之父"袁隆平将自己一生中的时间和精力都放在了杂交水稻上，通过创造性劳动发明的杂交水稻让世界水稻产量得到大幅度提高，为粮食大面积增产发挥了重要作用，取得了巨大的经济效益和社会效益，为解决中国的温饱问题作出了卓越贡献。药学家、抗疟药青蒿素和双氢青蒿素的发现者屠呦呦创造性劳动创建的低温提取青蒿抗疟有效部位的方法，成为青蒿素发现的关键性突破。青蒿素的发现标志着人类抗疟药物发展的新方向，挽救了约 590 万名儿童的生命，她也因此获得 2015 年诺贝尔生理学或医学奖。

创造性艺术劳动则展现了人类在身体、智慧以及精神方面的发展追求。创造性艺术劳动尽管不像物质生产活动那样作为人类生存、发展的手段而存在，但却作为人类本质体现的目的而存在。例如，意大利著名画家列奥纳多·达·芬奇创作的油画《蒙娜丽莎》，我国北宋画家张择端创作的《清明上河图》，德国著名音乐家贝多芬创作的《c 小调第五交响曲》《d 小调第九交响曲》《升 c 小调第十四钢琴奏鸣曲》《降 E 大调第三交响曲》等作品，还有一些文学家创作的文学作品等都是人类创造性劳动的物化形式。

第二节　创造性劳动能力与方法

培养和提高创造性劳动能力不仅是实现中华民族伟大复兴的战略抉择，同时也是大学生自身成长成才的内在需要。创造性劳动能力是在学习工作中逐步养成的，在劳动实践中不断发展，对促进创造成果的产生起导向和决定作用的大脑思维能力和劳动实践能力的综合体现，也就是在劳动过程中发现和解决新问题、提出新设想、创造新事物的能力。创造性劳动能力主要包括创造性劳动意识、创造性劳动思维、创造性劳动知识三个维度。

一、创造性劳动意识

创造性劳动意识是根据社会和个体生活发展的需要，发现、发明和创造人类未有或部分未有新质使用价值的动机，并在劳动过程中力求产生创造性劳动成果的思想观念。创造性劳动意识是创造性劳动的出发点和内在动力，在劳动实践过程中体现为一种求新求变和求真求实的意识。

（一）主观能动的意识

创造性劳动意识包括创造性劳动的动机、意向和期望。动机是引起思考或行为的直接原因，动机的产生与人的期望有关。期望是人们希望达到的目标或满足需求的心理活动，期望一旦成为驱使人们行动的力量，就会形成动机，成为推动人们进行某种活动的强大动力。人们根据社会和个体发展的需要，引起创造动机，表现出进行创造性劳动的意向和期望，这种创造意向和愿望就是创造性劳动意识。劳动是人类有目的、有意识的能动活动，是一个主观见之于客观的过程。人与动物的根本区别就在于主观能动性。人们在认识世界、改造世界中，总是抱有一定的目的和动机去行动。蜜蜂筑巢、蜘蛛织网的行为看似有某种预定的目标和计划，实则是一种动物本能的活动。人类的劳动形式无论是创造性劳动还是重复性劳动，都源于人类的主观意识。

（二）求新求变的意识

创造性劳动是一个从无到有的过程，是一个不断推陈出新、破旧立新的过程。进行创造性劳动，要努力培养和形成一种求新求变意识，要有意识地抛开头脑中以往思考类似问题所形成的思维定式，排除以往的思维模式对寻求新的设想的束缚，勇于对传统的观点和固化的模式提出挑战和质疑。古训有"木秀于林，风必摧之"，民谚有"枪打出头鸟"等，这使人们往往缺乏一种创造的内在冲动。因此培养创造性劳动意识，就是要培养和形成一种敢于抛弃旧观念和旧事物、不断追求新知识、勇于创造新观念和新事物的意识。

（三）求真求实的意识

要使创造性劳动成果具有使用价值，就要尊重客观规律。规律是客观的，它是不以人的意志为转移的，既不能被创造，也不能被消灭。寻找和发现事物客观规律，按照规律办事，就是求真求实的过程。一方面，创造性劳动只有符合客观规律和需要，才能转化为创造性劳动成果，成为推动社会发展的动力。另一方面，求真求实本身就是进行创造性劳动的过程。例如，科学研究活动作为一种创造性劳动，主要目的就是认识世界、寻找客观世界的内在规律，也即通常所说的追求真理的过程。

二、创造性劳动思维

思维是人脑对客观事物概括的、间接的反映。思就是思考，维表示方向，思维可以理解为沿着一定方向进行思考。创造性劳动思维是人们从事创造性劳动时大脑中发生的思维活动。不同于常规思维，创造性劳动思维是人类认知新领域、开创人类认知新成果的思维活动，是以感知、记忆、思考、联想、理解等能力为基础，以综合性、探索性和求新性为特征的高级心理活动。创造性劳动思维具有独创性、灵活性、非逻辑性和不确定性等特点。

（一）独创性

创造性劳动思维是需要打破常规思维后形成的思维定式，创造性思维能从多角度、多侧面、多层次、多结构去思考，通过独特、新颖的思维过程发现和创造新事物，既不受现有知识的限制，也不受传统方法的束缚。这意味着创造性劳动思维要用新的思考程序和思考步骤进行试探和尝试。同物理学中的惯性一样，人的大脑也存在着思维惯性。一旦沿着一定的方向、按照一定的次序长期思考某一问题，当再次碰到相同或类似的问题时，还是会沿着上次思考的方向或次序去思考，从而形成一种相对固定的思维模式，即思维定式。尽管思维定式可以帮助人们利用已有的方法快速解决问题或形成良好的秩序，如遵守交通规则和按次序排队等，但是，思维定式会将人的思维方式局限在已知的、常规的解决方案上，促使人们沿着思维惯性的方向去行动，从而阻碍了创造性劳动的产生。正如法国心理学家贝尔纳所说，构成人们学习的最大障碍，并不是未知的东西，而是已知的东西。因此，创造性思维的首要特点就是独创性，要突破已有的思维定式，或者在思路的选择上，或者在思考的技巧上，或者在思维的结论上，具有前所未有的独到之处，具有一定的首创性、开拓性。

（二）灵活性

创造性劳动思维并无现成的思维方法和程序可循，所以它的方式、方法、程序、途径等都没有固定的框架。创造性思维活动在考虑问题时能够迅速地从一个思路转向另一个思路，能够变换视角看待同一问题，可以根据不同的对象和条件，具体情况具体对待，灵活应用各种思维方式，多方位地探究解决问题的办法，因此创造性思维活动就表现出不同的结果或不同的方法、技巧。例如，人们印象中的咖啡厅一般都被界定为一个休闲的场所，在星巴克等咖啡品牌的引领下，咖啡厅以白领第三空间的形象出现在市场竞争格局中，体验、休闲、社交是咖啡厅的固有形象。因此，大多数咖啡厅通常都是环境很好，空间很大，很有小资情调和风格。但是在上海的南阳路上有一家只有2平方米空间的咖啡店——Manner Coffee，店中不设座位，只卖外带咖啡。尽管空间狭小，但是这家咖啡店售卖咖啡的口味一点不比品牌咖啡店差，而且种类齐全，小小的窗口每天都排起长长的队伍，每月收入超过10万元。Manner Coffee 的不同之处就在于性价比，在这里小杯的拿铁只要15元，大杯20元，这个价格比附近的咖啡店便宜了50%左右，但品质却一点都不差，通过转变传统咖啡店的经营思路，Manner Coffee 取得了成功，成为上海的一家网红咖啡店。

（三）非逻辑性

创造性思维活动是一种开放的、灵活多变的思维活动。它的发生伴随有"直觉""灵感""顿悟"之类的非逻辑思维活动，往往因人而异、因时而异、因问题和对象而异，所以创造性思维活动具有极大的特殊性、随机性。人类关于创造性劳动思维和创造性劳动的成功范例验证了"灵感""顿悟"等非逻辑思维活动在创造性劳动思维中的不可替代性。只有捕捉灵感、实现顿悟，创造性劳动才能实现前所未有的突破。例如，牛顿发现和提出万有引力定律，就是由苹果落地这一现象引发的灵感及其在此基础上顿悟开始突破的。但需要注意的是，创造性思维的过程，一般既包含逻辑思维，又包含非逻辑思维，是两者相结合的过程。为何只有牛顿看到苹果落地才突发灵感提出万有引力定律呢？原因在于牛顿在此前已经深入学习、研究了伽利略关于潮汐现象和地球运动的思想，并受到开普勒行星运动三定律的启发，而且观察和思考了很多反映地球引力的现象，才能够对苹果落地的现象产生深刻的感悟，并在这种灵感的基础上通过多年的研究完成万有引力定律的发现和概括。

三、创造性劳动知识

"知识创造理论之父"野中郁次郎将知识分成显性知识和隐性知识两种类型。显性知识指的是能够明确用数字、语言、图表和实物等加以表达或传播的知识，可以通过口头传授、教科书、参考资料、期刊、专利文献、视听媒体、软件和数据库等方式获取。大学生在校学习过程就是一个相关专业显性知识的获取和接收过程。隐性知识或默会知识指的是一种主观的看法或情感，难以从具体情境中剥离出来，是一种不能被编码的知识，只有通过非正式的学习行为和程序来获得。显性知识和隐性知识共同组成了知识的共同体，彼此不断地碰撞从而产生新的知识。创造性劳动过程就是一个通过隐性知识和显性知识二者之间的互相作用、互相转化而形成的螺旋上升的知识转化和知识创新过程，即 SECI（社会化阶段、外部化阶段、组合化阶段、内部化阶段的缩写）知识螺旋模型。

（一）社会化阶段

社会化是将共享经验转化为隐性知识的方式。在社会化阶段，个体通过观察和对话交流，直接从他人那里获取新知识，实现了隐性知识从一个主体向另一主体的传播。知识的不同类型决定了它被创造和传播的成本以及难易程度。显性知识可以通过有形的形式或某种方法来实现传播。相比较而言，隐性知识创造和传播的成本和难度则更高。隐性知识一般需要大量的时间来获得，但也可以通过"干中学"的方式来获取。隐性知识的传播一般需要一个社会化和学习的过程。例如，在劳动实践过程中，学徒们在和师父一起工作时，凭借直接的观察、模仿和练习学习各种技艺就是一个隐性知识学习的过程。

（二）外部化阶段

外部化阶段是将隐性知识表述为显性概念的过程，是对认识与发现本质的概括。通过类比、隐喻、假设或模型等形式将隐性知识外显化，转化为容易理解和接受的形式。将隐性知识转化为显性知识是典型的创造性劳动过程。人们将自己的经验、知识转化为语言可以描述的内容，是从感性知识提升为理性知识，将经验转变为概念的过程。例如，佳能公司开发微型复印机就是隐性知识外显化的典范。据说，该产品的攻关小组负责人田中宏有一天突然想是否可以用铝罐来制造复印机的感光滚筒，于是立即让小组成员对此展开研究，并最终发现了以低成本制造铝质感光滚筒的工艺技术，由此诞生了一次性的感光滚筒。

（三）组合化阶段

组合化阶段是将各种概念进行连接和系统化，是一个建立重复利用知识体系的过程。组合化是将显性知识和显性知识加以组合，主要是信息采集、组织、管理、分析和传播。在这一过程中，信息在不断聚合过程中产生新的理念。大学生的课堂和课外学习过程就是一个不断接收和组合显性知识的过程。通过显性知识的学习，逐步构建和完善自身的知识体系，只有对特定事物的知识自成一体以后，才能为创造性劳动提供一个生产新知识的思维空间。如果知识结构不合理，思想僵化、观念陈旧、知识单一，就难以接受新信息，更难以接受和建构新思想。而且知识越多，结构越合理，就越容易使人有能力迅速感知许多思想，并把较多的思想互相比较，从而提高创造性劳动能力。

（四）内部化阶段

内部化阶段意味着新创造的显性知识又转化为隐性知识，目的在于实现知识的应用与创新。例如，发现事物运动的新规律或是发明一项新的科技成果，意味着对原有的理论、学说的突破或是对现存的技术、产品的超越，也意味着为现有的知识体系增添了新内容。由于现有的理论、学说等精神性成果和工具、技术、产品等物质性成果，都是人类创造性劳动的产物，而生产和创造这些文明成果的人类思维和实践，必然内化于人脑，积淀为人的思维方式。因此，显性知识隐性化表面上是对现有认识和现存事物的超越，实质上就是对人们现有的思维方式的超越。而这种超越的本质就是根据解决问题的需要，在头脑中对原有的知识、经验、观念、方法等进行新的组合，特别是对现有的知识结构进行优化与重组，经过内部化阶段，创造性劳动能力得到提高，知识管理完成一个基本循环。

四、创造性劳动方法

创造性劳动方法是对前人通过创造性劳动得到创造性成果所运用的各种具体方法和技巧的统称。通过了解和学习创造性劳动方法，人们至少可以了解到创造性劳动可以按照一些具有很强操作性的程序来完成，达到事半功倍的效果。但需要注意的是，创造性劳动不同于重复性劳动的地方就在于没有固定的方法可遵循。正如掌握了作曲方法并不意味着能够写出优美的曲调，学习了语法并不代表能够写出有影响力的文学作品一样，创造性劳动方法只能提供一些创造性劳动的基本原则和可供参考的技巧。只有在掌握了方法的前提下，灵活、熟练地应用这些方法，才能有效地开展和完成创造性劳动。

（一）逆向思维法

逆向思维法是指在常规的逻辑思维过程中不能奏效的时候，通过运用不同于常规的逻辑推导进行思考，从而实现创造发明的方法，也就是人们常说的"反其道而行之"。逆向思维并不是主张人们在思考时违逆常规，不受限制地胡思乱想，而是训练一种小概率思维模式，即在思维活动中关注小概率可能性的思维。逆向思维是发现问题、分析问题和解决问题的重要手段，有助于克服思维定式的局限性，是完成创造性劳动的重要方式。例如，法拉第发现电磁感应现象就是逆向思维法的一个典型例子。1821 年丹麦的奥斯特发现了通电导线附近会产生磁场，这一发现启发了法拉第，他反过来思考：既然由电可以产生磁场，那么由磁场是不是可以产生电？于是他开始探索由磁产生电的途径，经过 10 年的艰苦努力，终于在 1831 年发现了电磁感应定律，为人类大规模地利用电力奠定了坚实的科学基础。

（二）发散思维法

发散思维法是从一个目标或思维起点出发，沿着不同方向，顺应各个角度，提出各种设想，寻找各种途径，解决具体问题的思维方法。发散性思维方法要求人们想得多、想得散、想得奇、想得新。例如，罗马一出版商为售出滞销的书，想尽办法托人给总统看，但总统工作很忙，无暇顾及。出版商再三请求提意见，总统随便说了句："此书甚好。"该出版商马上推出广告词："现有总统评价很高的书出售。"结果积压的书一售而空。另一出版商见状，也用此法，总统被利用了一回，这次说了句："此书很糟。"相应出台的广告词为："兹有总统批评甚烈的书出售。"结果书也很火爆。又一出版商马上也送了一套书给总统，总统这次决心不加理睬，于是，第三个广告词表述为："现有连总统也难以下结论的书出售。"结果书的销路居然也很好。可见同样的问题运用发散性思维从不同的角度和方向去思考往往会有意想不到的结果出现。

（三）类比法

类比法是在两种以上不同的事物之间找出相同点，或者在看似相同的事物之间找出不同点。类比法是开展和完成创造性劳动的重要方法。正如德国哲学家康德所说："每当理智缺乏可靠论证的思路时，类比这个方法往往能够指引我们前进。"[1] 类比法是一种从特殊到特殊的"由此及彼"的逻辑思维过程，在探索经验不足、资料欠缺和其他方法难以奏效时，运用类比法可能会发现特殊事物之间的联系，而且类比的方法可以进一步具体化为模拟方法。运用类比法取得创造性成果，这样的例子在人类创新创造史上不胜枚举。例如，人们曾模拟海豚的流线型体型和特殊构造的皮肤，设计出具有同样体型和利用橡胶薄膜制作的"海豚皮"潜水艇；数学家莱布尼茨模仿中国"八卦图"原理，建立二进位制数学；澳大利亚悉尼歌剧院以风帆簇拥的造型设计来象征这个港口城市的自由和开放等。这些都是运用类比法成功完成创造性劳动的典型案例。

（四）组合法

组合法就是将两个或两个以上的要素、手段、原理或产品，或几个各自独立的发明等结合成一体，往往会产生新的发明（如新材料、新工艺、新产品、新设备）的一种创造技法。很多创造性劳动成果都是通过组合法实现的。组合法包括功能组合、构造组合、成分组合和材料组合等。其中，功能组合就是把不同物品的不同功能、不同用途组合到一个新的物品上，使之具有多种功能和用途。按摩椅就

---

[1] 周振铎，周赞梅.教学创新的技术 [M].西安：西安地图出版社，2006.

是按摩功能和椅子功能的结合体。构造组合是把两种东西组合在一起，使之有了新的结构并带来新的实用功能。比如，房车就是房屋与汽车的组合，它不仅可以作为交通工具，还可以作为居住的场所。成分组合是将两种成分不相同的物品组合在一起后，构成一种新的产品。

（五）头脑风暴法

头脑风暴法（Brain Storming），又称智力激励法、BS（Brain Storrning 的缩写）法。它是由美国创造学家 A. F. 奥斯本于 1939 年首次提出，后来正式发表的一种激发创造性思维的方法。它以小型会议为组织形式，让所有参加者在愉快的气氛中畅所欲言，自由交换想法或点子，并以此激发与会者创意及灵感，使各种设想在相互碰撞中激起脑海的创造性"风暴"。随着科学技术的进步，创造性劳动日益社会化，创造性劳动的方式也由主要依靠个人的聪明才智发展到依靠集体的智慧，集体智慧在创造性劳动中发挥的作用越来越突出。采用头脑风暴法组织群体决策时，小组人数一般为 10～15 人，最好由不同专业或不同岗位者组成。时间一般为 20～60 分钟，设主持人一名，主持人只主持会议，对设想不作评论。主持人以明确的方式向所有参与者阐明问题，说明会议的规则，尽力创造融洽轻松的会议气氛。主持人一般不发表意见，以免影响会议的自由气氛，而是由专家们"自由"提出尽可能多的方案。

第三节　大学生创造性劳动能力的培养

大学生作为中国特色社会主义事业的建设者和接班人，培育和提高创造性劳动能力首先要确立正确的价值导向，理性地认识自己的专业和未来将要从事的行业与岗位，将自己的需求和社会的发展需要结合起来，在此基础上通过专业知识的学习和实践锻炼不断提升创造性劳动能力。

一、树立创造性劳动正确的价值导向

思想引导行动，树立什么样的劳动价值观直接影响着人们对劳动的态度和行

为。大学生培养和提升创造性劳动能力，要在学习专业知识的同时逐步理解和形成马克思主义劳动观，树立正确的劳动价值观，厚植热爱劳动、热爱创造的情感态度，培养辛勤劳动、诚实劳动、创造性劳动的优良品德。

（一）树立正确的劳动价值观

劳动价值观是劳动者对劳动的思想认识、根本看法，它直接决定着劳动者的价值判断、情感取向与行为选择，是劳动素养和劳动能力的核心内容。大学生培育和提高创造性劳动能力，应结合唯物史观教育和劳动科学知识的学习，充分认识人民创造历史，劳动开创未来。劳动是推动人类社会进步的根本力量的真理性意义，真正理解劳动是财富的源泉，也是幸福的源泉的道理，真切体验在劳动创造中把自己的理想同祖国的前途、把自己的人生同民族的命运紧密联系在一起，扎根人民，奉献国家的幸福感。无数的科研工作者把个人理想与祖国命运、个人志向与民族复兴紧紧联系起来，把爱国之情、报国之志融入建设祖国的伟大事业中，融入人民创造历史伟业的伟大奋斗中，真正实现了创造性劳动的价值。

（二）厚植真挚情感

劳动情感态度是劳动者的个性心理特征的反应，是个体在一定劳动价值观支配下、在长期劳动情感体验基础上形成的一种相对稳定的对待劳动的心理倾向。新时代劳动情感态度教育既要强调热爱劳动、勤于劳动，又要强调热爱创造、善于劳动。因为热爱劳动、热爱创造是立业为人的根本，是实干兴邦的基石，更是富民强国的动力。大学生培育热爱劳动、热爱创造的情感态度，一方面要培养热爱劳动者的真挚情感，真正做到任何时候任何人都要尊重普通劳动者，都不能贪图不劳而获的生活；另一方面要在专业学习和实践锻炼中形成创造性劳动意识，提升创造性劳动思维能力，构建科学、合理的知识体系，掌握创造性劳动的方法与技巧，不断培育"热爱创造"的真挚情感。

（三）培养优良劳动品质

辛勤劳动、诚实劳动、创造性劳动具有内在的逻辑统一性。辛勤劳动是诚实劳动、创造性劳动的前提和基础。"一勤天下无难事""民生在勤，勤则不匮"，这些中国人自古秉承的劳动信念在新时代依然熠熠生辉，"坚持艰苦奋斗，不贪图安逸，不惧怕困难，不怨天尤人，依靠勤劳和汗水开辟人生和事业前程"依然是新时代大学生需要发扬的美德。诚实劳动是辛勤劳动的表现，也是创造性劳动的前提。创造性劳动是辛勤劳动、诚实劳动的发展，也是劳动的核心和本质要求。因此，大学生要深刻理解新时代的劳动者"不仅要有力量，还要有智慧、有技术，能发明、会创新"的道理，要以科学家、大国工匠和劳动模范为榜样，胸怀理想、脚踏实地、勤奋学习、锐意进取、敢为先锋、勇于创造，不断谱写新时代的劳动创造之歌。

二、掌握创造性劳动必要的知识与技能

大学生提高创造性劳动能力不仅要通过各方面知识的学习构建合理完整的知识体系，还要注重新知识、新技术、新工艺、新方法的应用，以及在实践中培养和锻炼综合运用这些知识、技术、技巧的能力。

（一）构建合理完整的知识体系

基础知识、专业基础知识、专业知识是构成大学生知识结构基本框架不可或缺、相互支撑的三类知识。完成创造性劳动不仅需要掌握一定的专业知识，其他方面的基础知识和专业基础知识同样发挥着重要作用。一些同学可能认为，大学学习既然有经管法类、文史哲类、教育学类、理工类、农学类、医学类和艺术类等专业的区别，并且以就业为主要目的和导向，因此就应把精力放在专业知识的掌握上，基础性的知识可学可不学。在不同的基础性知识中，只重视专业基础知识而忽视其他各种基础性知识的倾向在大学生中也较为普遍。一些同学认为基础性知识的范围仅限于与本专业直接有关系的基础知识，而把诸如社会生活中的一些常识类的事实现象类知识、作为思维方法的哲学知识、规范人们行为方式的伦理道德和政策法规知识等都排除在基础知识范围之外。最终的结果就是造成知识面狭窄、基础知识薄弱、学习活动局限于某一专业领域，缺少一些必要基础理论知识修养，影响了创造性劳动能力的提升。

（二）注重新知识、新技术、新工艺、新方法的应用

随着科学技术的快速发展，以互联网、大数据、云计算、人工智能、区块链、物联网等为代表的新知识、新技术、新工艺、新方法不断涌现，使劳动者的工作环境和工作方式发生巨大变化。生产、管理、研发、销售等不同的工作岗位对劳动者素质和技能水平的要求不断提高，越来越多的重复性的熟练工作岗位将被智能机器所取代，劳动者的人机交互能力、灵活处理各种实际问题的能力以及创新创造能力变得越来越重要。而且互联网将不同领域的信息有效连接起来，将生产、流通、服务等环节打通，更有利于培育出新产品、新模式和新业态。"互联网+"不仅催生了技术创新、产品创新，还带动了商业模式创新、平台模式创新、服务模式创新、盈利模式创新、机制创新、文化创新、运营模式创新和观念创新。因此，大学生要紧跟科技发展和产业变革的步伐，准确把握数字经济时代劳动工具、劳动技术、劳动形态的新变化，不断扩充和完善自身知识体系和结构，在学习和生活中培养和树立互联网的思维逻辑，不断提升创造性劳动能力。

（三）在实践中培养创造性解决问题的能力

实践教学（包括实验、实习、实训等环节）是深化课堂教学的重要环节，是获取、掌握知识的重要途径。其中，实验教学作为课堂理论教学的辅助，通过实验可以加深对课堂上所学理性知识的理解，实现感性知识与理性知识的融会贯通；实习是专业教学阶段性的认识性实践教学，是理解专业知识、熟悉专业设备和掌握操作技能的必要实践环节，有助于大学生了解本专业所对应的岗位、所从事工作的内容和对工作人员能力与素质的要求；实训是对包括单项能力和综合技术应用能力进行的训练，是应用型实践教学，通过实训可以掌握从事专业领域实际工作的基本操作技能和基本技术应用能力。因此，大学生应通过实验、实习、实训等实践教学提高动手能力。只有通过在做中学、做中思、做中行，才能不断提高运用专业知识和技能解决实际问题的能力和创造性解决问题的能力，真正实现理论与实践相统一，同时为日后走向职场奠定了基础。

三、在创新创业中提升创造性劳动能力

随着国家层面对高等教育的创新战略要求，大学生已经走向社会发展与进步的大舞台，成为实施创新驱动发展战略和推进大众创业、万众创新中的主力军。大学生应充分利用好学校提供的创新创业平台，在创新创业中培养创造性劳动意识，掌握创造性劳动思维方式，将创造性劳动知识运用到创新创业实践中，并在实践中尝试不同的创造性劳动方法，最终培育和提升自身的创造性劳动能力。

大学生基于所学专业知识通过创造性劳动发明的"皮影表演机器人"就是一个典型案例。皮影戏是中国优秀传统文化。随着传统手艺流失，现在熟练掌握皮影戏的人越来越少。为了拯救这项中国非物质文化遗产，西安电子科技大学王浩然等同学在英特尔灵动处理器平台上，结合自主设计的数字控制机械系统，实现了皮影戏录制和皮影戏机器人自动演出。这个项目获得"英特尔杯""挑战杯"等一系列大奖。可见创造性劳动不是少数人的专利，也不是高不可攀的；创造性劳动不分成就高低，它体现在生活的点点滴滴当中，既可以是新产品、新技术的突破，也可以是工艺、过程或者体验改进上的创意。因此，无论是否会选择创业的道路，大学生都应努力在"互联网+"时代乃至今后任何快速变化的时代中，通过创造性劳动创造属于自己的价值，为社会创造更大的价值。

第八章　劳动文化创新研究

本章为劳动文化创新研究，分别阐述了高校劳动文化教育现状、劳动文化在人才培养中的作用和地位、劳动文化在高校教学中的创新、劳动文化教育的全面开展几个方面的内容。

第一节 高校劳动文化教育现状

一、家庭溺爱和网络影响的问题

近年来，随着我国经济繁荣和现代化进程的快速推进，人民生活水平得到显著提高。部分家庭不能正确发挥经济富裕对子女培养的优势，甚至因优越的家庭条件导致对子女过度的溺爱，使得目前部分大学生不同程度地存在劳动观念淡漠、劳动意识不强和劳动技能贫乏等问题和不足。主要表现在参与生产劳动和社会实践的积极性不高，有的学生在社会实践环节为逃避劳动而弄虚作假。

同时，随着我国现代化进程的不断加快，当代大学生对网络等新事物较为熟悉，擅长使用计算机、手机等智能化网络中端设备。由此，许多学生认为以后的工作环境都是现代化的，工作设施都是智能化的，工作方式都是娱乐性的，特别是随着现代化智能机器人的普及，人类一般不会再去从事那些工作环境极其恶劣和工作条件极其简陋的体力劳动。因而，导致大学生在劳动兴趣、劳动技能、身体素质的培养上缺乏足够的重视和应有的投入，加上社会上一些负面现象的影响，导致一些学生对靠诚实劳动实现自身价值缺乏信心，不同程度地存在靠父母生活、靠关系致富、靠机会发财等投机取巧、不劳而获甚至好逸恶劳的不良思想和习惯，正是由于缺乏积极主动地投入生产劳动和社会实践体验，使得一部分大学生劳动技能不强。

二、劳动文化教育教学的问题

（一）课程重点存在偏差

由于对劳动文化缺乏系统和深入的研究，在劳动文化的理解上未能将吃苦耐劳和艰苦奋斗精神的培养作为核心要义。这些问题突出表现在一些高校习惯于将脑力劳动与体力劳动对立起来，在课程安排上，未能很好地协调处理脑力劳动和体力劳动的关系，缺乏以锻炼学生吃苦耐劳和艰苦奋斗精神为目的以体力劳动为主的教育教学；一些从事劳动教育工作的同志习惯于将劳动知识的学习与劳动体验，尤其是吃苦耐劳的体验对立起来，重视前者，轻视后者，甚至存在将劳动教育娱乐化的不良倾向。

（二）课程体系和课程建设不完备

建设劳动文化需要有与之对应的较为完善的课程体系做支撑。目前，以劳动素质培养为主线的专业课程体系建设和以劳动文化建设为核心的融"教育、劳动、认知、体验"于一体的劳动课程体系建设都还不甚成熟，在课程开发和教材建设上还需要进一步加强。

（三）考评体系不成熟

在课程实施上，如何适应当代大学生的学习兴趣和方式，建设更为人性化、个性化的教育教学模式还需要进一步探索和创新，尤其是需要改革创新考评体系，如何将劳动文化教育指标纳入学生考评体系。由于对劳动教育在学生创造创新品质培养中的作用缺乏足够的认识，尤其是对于学生对劳动的体验、参与动手实践以及劳动环境对学生的熏染在学生成长中的重大作用缺乏认识，致使各级、各类学校的考评体系中一直存在"智育独大"的现象。近年来，随着素质教育的推进，劳动教育在各级、各类学校得到了一定程度的强化，但评价体系中轻视劳动教育的失衡情况，并未得到显著扭转。因此，应创新各级各类学校的考评体系，高校应建立包括劳动教育在内的系统考试评价体系，科学设定考试内容和学分比例。在此基础上，建立健全劳动教育督查制度，确保劳动教育落到实处。

三、劳动文化与传统文化结合的问题

在劳动文化教育中，如何把中华优秀传统文化融入其中，让中华优秀传统文化成为劳动文化的有机组成部分，是当前需要重视和探索的一个重要问题。中华优秀传统文化作为中华民族的文化基因和精神家园，是中华民族繁衍生息的丰厚滋养，也是社会主义核心价值观的重要源泉。在许多历史传承和传统技艺中，都深刻地反映着中华民族传统的价值观，积淀着中华民族的深层次精神追求，一些优秀的历史传承在某种程度上是中华民族各个历史阶段的精神标识，需要在认真甄别、研究的基础上，进一步实现课程化。

（一）切实做好可课程化的传统技艺的甄别研究

中华优秀传统文化中有许多可传承和需要传承的技艺，如纺织、扎染、刺绣、剪纸、篆刻等，这些传统技艺具有鲜明的劳动性，常常以各自独特的方式传承和体现着民族精神，将其列入劳动教育活动内容，甚至课程化，对于培养学生的劳动品质具有重要意义。通过学习纺织、扎染、刺绣等技术，有助于学生们了解中国传统社会男耕女织的社会状态以及中华民族朴素的生活理想，如剪纸是我国传统民间艺术，具有广泛的群众基础，剪纸作品的造型格式和视觉形象蕴涵了中华民族独特的文化历史信息，表达了各族人民审美情趣和社会理想。篆刻是以镌刻的方式表达汉字书法的艺术，常用来制作印章，在我国具有广泛的群众基础，将篆刻引入学生劳动实践课，具有认知、审美、教化、锻炼等多重意义。因此，应加强可课程化的传统技艺的甄别研究，挖掘民间现存的传统技艺，将那些健康有益的传统技艺加以整理研究，将相关的知识和技能课程化，用于学生劳动教育实践体验，培养学生的民族认同感和高尚情操。

（二）建设优秀传统技艺的实践教学课程体系

建立劳动教育课程体系有其特别的意义，通过课程体系化进一步体现事物发展的系统性和整体性，提高教育教学效果和人才培养质量。

通过组织相关方面的专家和教师组成劳动实践课程开发小组，开展优化传统技艺课程开发。与大学教学大纲要求的知识点相对应和对接，充分发挥网上教学优势，最大限度地突出个性化学习特点，将线上自主学习与线下实操相结合，开发具有高等教育独特优势的劳动教育课程体系。

（三）加强传统技艺的时代性创新研究

随着时代的发展，传统技艺在继承传统精华的同时，也势必要有时代性，表现在设计上突出现代理念，在制作工艺上借助现代科技手段，材质上采用现代新型材料，实现传承中的创新。首先，在继承传统的审美观的基础上，实现审美观的创新。其次，可借助制作材料和手段的创新实现产品和服务的大众化。特别是随着环保要求和珍惜资源稀缺，材料的创新日益显示出其重要性。最后，通过创新使产品更加适合市场的需要。这些创新也是使优秀传统文化所体现的精神和审美观、价值观能够得到不断传承的前提和途径。

在传统技艺创新上，我国艺人作出了许多典范。例如，我国苏绣艺术品创新，就是在继承早期平绣针法的基础上，创新出乱针绣等新针法，使苏绣艺术更好地表现出近现代绘画与摄影作品，呈现出更加光影灵动的立体效果，使苏绣这门古老传统艺术焕发出全新的生机与活力。

第二节　劳动文化在人才培养中的作用和地位

一、劳动文化教育与世界观

现在的青年学生重视追求个人幸福，但什么是幸福，在不同的人那里却又不同的回答。对什么是幸福的问题的回答叫作幸福观，幸福观作为个体对幸福的根本观点和看法，是一个人世界观的重要组成部分。高校人才培养工作要实现培养合格劳动者的党的教育方针，就要培养学生树立劳动最幸福的正确的幸福观。就像有什么样的世界观就有什么样的方法论一样；有什么样的幸福观就有什么样的追求幸福的方法。青年大学生只有树立了正确的劳动幸福观，才能进而树立热爱劳动的优秀品质和积极的人生态度。

树立健康向上的人生态度对当今的青年学生具有重大的现实意义。由于家庭溺爱等原因，不少青年学生缺乏艰苦奋斗和积极向上的人生态度，针对这样现状，学校应积极作为，通过劳动文化教育引导学生树立正确的人生态度。人生态度即个体对待自己人生的看法和行动，是人们通过生活实践形成的关于人生问题的一种稳定的心理倾向、基本意愿和心理活动体系，包括个体对社会生活所持的总的看法、对人生所具有的持续性信念以及作出的反应方式等。

青年大学生处于人生态度的建立和固化期，能否树立积极乐观的人生态度取决于是否真正树立了正确的劳动幸福观。青年大学生树立了劳动幸福观，就会从内心深处认识到人间的一切幸福都来自劳动，是劳动的产物，就会自觉地将自己投身到社会劳动实践中去，在劳动过程中发现快乐、体验快乐、创造快乐，进而从根本上解决"人为什么活着"和"人应该如何度过自己的一生"等人生观的基本问题，进而产生是积极乐观的人生态度。

二、劳动文化教育与审美观

马克思主义美学中有一个经典命题，即"劳动创造美"，这既是一个"实然"判断也是一个"应然"判断，也就是说，劳动不仅创造了美，而且劳动本身就是美的。马克思在《1844 年经济学哲学手稿》中指出："通过实践创造对象世界，即改造无机界，证明了人是有意识的类存在物……动物只是按照它所属的那个种的尺度和需要来建造，而人却懂得按照任何一个种的尺度来进行生产，并懂得怎样处处把内在的尺度运用到对象上去；因此，人也按照美的规律来建造"。马克思主义认为，劳动作为"自由自觉的活动"的实践，不仅是谋生的手段，而且是"生活的第一需要"。[①] 在劳动过程中，人一方面"按照美的规律来建造"，同时，人也在实践中不断地发现美、体验美、创造美。如在农业类高校劳动文化教育中，学生通过劳动参与种植、养殖等实践活动，近距离接触体验动植物个体，激发学生对自然之美的认识和感悟。在劳动过程中，学生们通过自己的劳动创造美、发现美，促使其从内心深处牢固树立劳动是美的源泉这一马克思主义劳动美学观。通过接受劳动文化教育，体验和感受美的滋润和熏陶，培育和提高审美能力。

三、劳动文化教育与综合素质

纸上得来终觉浅，绝知此事要躬行。首先，从学生智力发展上讲，劳动文化教育一方面使学生加深理解和巩固所学知识；另一方面，使学生在劳动中温故知新，不断产生新的启发和想象，体验创新创造，有助于学生智力发育。通过开展动手实践，具体从事设计、操作、体验、探究、创新等综合实践活动，增进和提高了学生的知识和技能。其次，通过参加劳动还可以有效促进学生体魄健康，实

---

① 马克思.哥达纲领批判 [M].北京：人民出版社，1997.

现以劳健体。户外劳动中开阔的自然环境、新鲜空气和明媚阳光，有助于学生放松心情，充满活力，锻炼体力，增进视力和身心健康。最后，通过劳动锻炼有助于培养学生吃苦耐劳和艰苦奋斗精神，进而培养和塑造培养学生的社会责任感、创新精神和实践能力。使学生习惯于在艰苦的环境中磨炼自己，以适应毕业后在艰苦的基层一线经受锻炼，成长成才。

总之，进一步加强高校劳动教育是全面落实党的教育方针，培育和践行社会主义核心观，实施素质教育和立德树人的必然要求，党和国家历来高度重视劳动育人工作。坚持教育与生产劳动和社会实践相结合，是党的教育方针的重要内容。坚持理论学习、创新思维与劳动实践相统一，坚持在劳动实践中向群众学习，是高等教育大学生成长成才的必由之路。进一步加强高校劳动育人工作，对于不断增强高校大学生服务社会的社会责任感、勇于探索的创新精神和分析问题解决问题的实践能力，具有不可替代的重要作用；对于培养学生艰苦奋斗和吃苦耐劳的良好作风，坚定学生的"四个自信"，作为实现中华民族伟大复兴而奋斗的实干家和中国特色社会主义合格建设者和可靠接班人，具有极其重要的现实意义。

第三节　劳动文化在高校教学中的创新

一、要素和内涵的创新

在对劳动文化的构成要求和内涵的认识上，要与时俱进，保持内涵的鲜活性和生动性。尤其是要紧跟现代科技的发展，将现代科技发展成果及时融合于劳动文化教育之中。例如，在农业类高校的劳动文化建设中，要及时将农业科技成果融入创新科技创意农业教育。将培育农业科技新品种、太空技术在农业育种上的应用、时尚农业创意等融入劳动教育和校园劳动文化建设。如北京某校通过将北京延庆的流苏树改良为流苏茶，顺应了当地百姓饮用流苏树叶水的传统，为当地农民增收的同时，打造了流苏茶文化。作为劳动文化教育的一个版块，对于开阔学生视野，启迪学生科技创新素质发挥了不可替代的作用。

二、课程体系的创新

目前，高校的办学定位和人才培养模式日渐清晰且日益完善，但是劳动教育特别是劳动教学课程体系建设和劳动教学的体系化依然是高校人才培养中的薄弱环节，与培养具有创新精神、实践能力和社会责任感的实践性应用型人才的要求还有差距。特别是在建立健全针对不同教育对象的劳动教育课程体系和劳动教学体系化方面还需要进一步加强。在学校开设劳动教育课程在东西方都有深厚的理论渊源和历史传统，比如，20 世纪初期德国教育家凯兴斯泰纳就主张开设手工劳作课程，认为"学生可以在车间、学校食堂、校园、实验室等地进行手工操作。他认为，学校的中心任务是引导学生自己动手，让学生自己经历、思考并得出正确的概念和认识"。[①]

目前，我国的一些高校在劳动教育过程中，已在课程体系建设方面取得了一定的进展，积累了初步的经验。如北京某校摸索构建了具有鲜明都市农业特色的"学农教育"课程体系。在课程设置上，一是以培养学生吃苦耐劳的优良品质为重点，突出了集农事教育和农事劳动为一体的田间除草、施肥、果树种植管理、畜舍清扫等劳动类体验课程。二是以培养学生对劳动的热爱为目的，突出了插花、压花设计制作，昆虫标本制作，西式糕点、酸奶制作、营养配餐，矮马、宠物犬训导等兴趣类体验课程。这些做法取得了较好的教育教学效果，值得借鉴。下一步应进一步发挥院校专业建设优势，围绕劳动文化建设，加强专业课程体系建设和劳动教育课程体系创新，在劳动教育课程体系建设上，应结合不同年龄学生的生理特征、知识结构和兴趣特征，打造具有较强针对性和可操作性的特色鲜明的课程体系。

三、考核评价体系的创新

制定劳动教育成效考核评价办法，明确劳动文化教育在学生学业考试中的学分占比，将劳动知识、劳动技能和劳动态度设定为学业必考内容。

---

① 北京师联教育科学研究所编 . 职业教育思想与《劳作学校要义》选读 [M]. 北京：中国环境科学出版社，2006.

高校肩负着培养高素质技术技能人才的神圣职责，同时也肩负着营造传播和践行劳动光荣、技能宝贵、创造伟大的社会理念的社会责任，如何落实好培养爱劳动、会劳动、留得住、干得好的新一代劳动者，为转变我国经济发展方式、建设创新型国家和人力资源强国服务，从社会深层次改变重理论轻实践、重知识传授轻能力培养的传统观念，进一步强化劳动教育的评价体系，通过评价体系的建设和宣传不断推进高校的教学实践，推动劳动教育教学的方式方法和途径的创新。

四、实践教学基地的创新

实践教学基地是开展实践育人的重要载体。加强劳动文化建设，实践教学基地是重要保障，立足劳动文化培养需要，努力打造特色实践基地，有效支撑劳动文化教育教学工作开展。立足高素质技术技能型人才培养，努力打造特色劳动教育教学平台，有力支撑劳动育人工作开展，强化高等教育办学特色，提升大学生的就业竞争力。

（一）加强和完善校内实验室、实习实训基地、实践教学共享平台建设

加强校外实践教学基地建设。可依托高新技术产业开发区、大学科技园区等建设大学生科技创业实习基地。充分发挥和利用爱国主义教育基地和国防教育基地的优势，与社区、乡镇、企业、部队等，建立多种形式的社会实践教育基地。

（二）建设校企合作式劳动教育教学基地

应紧密结合行业发展和人才需要，采取校所合作、校企联合、学校引进等方式开展劳动教育教学基地建设。尤其是发挥高等教育校企合作优势进行建设，让学生在校企共建的劳动实践基地中感受真实的劳动环境和劳动场景，参与真实的劳动任务，体验真实的劳动创造，结识真正的劳动同志，养成真实的劳动情感。

（三）建设校内劳动教育教学特色基地

发挥高校办学资源优势，按照真实、生产的特色需要，紧贴行业人才培养需要，建设系列专业特色鲜明的劳动教育教学基地，使之成为劳动育人的有效载体，实现劳动育人与专业教育的深度融合。

（四）建设"双创"型劳动教育教学基地

劳动教育教学基地要与创新创业教育相结合，应紧贴行业科技前沿和企业新产品研发趋势，体现科技的前沿性和技术的实用性与先进性，使学生在劳动体验中提升科技兴趣和科技能力。

（五）建设文化传承型劳动教育教学基地

高校劳动教育教学基地的建设应体现劳动文化这个核心，建设劳动文化传承型教育基地。

一是实体文化传承教育基地。发挥农业文化载体的劳动文化传承作用，建设农业文化载体观赏和体验基地。农业文化载体十分丰富，包括农作物品种、农业生产工具、农业文学艺术作品、农业自然生态景观等。例如，农具包括原始时代的石斧、锄、石磨盘和石磨棒等，春秋时期的铲、犁和镰等，战国时期的铁犁，秦汉时期的耧，魏晋时期的耙以及近代以来的风车、水车等，特别是现代农业的抽水机、收割机、打谷机等。通过组织学生观赏和操作体验，培养学生的劳动情感。

二是非实体文化。非实体文化外延较为广泛，包括哲学、思想传统、知识和技术体系等。发挥非实体文化的传承和教育作用，建设农业非实体文化教育基地；发挥农业技术的劳动文化传承作用，建设农业技术观赏和体验基地。通过非实体传承教育基地建设，使之成为劳动文化传播的有效载体。

五、教学管理平台的创新

发挥"互联网＋"的优势，开发建设好网上教育教学管理平台，一些省市已经在这方面取得了显著进展。如北京市教委为了切实保障北京市学农教育的教学质量，在互联网"综合社会实践活动"和"开放科学实践活动"平台基础上，开发建设了"学农教育"版块并于2016年3月正式开通。学生可以利用该平台自主选课，满足了学生的个性化需求。下一步应结合高校专业建设，围绕教育现代化，创新理念，建设理念更加先进、体系更加完备、设施更加现代化的劳动教育基地。同时，进一步推进网上教育教学和管理平台的创新，进而推动劳动文化教育教学和管理模式的改革与创新。

六、加强劳动教育教学管理

重视现场劳动教育教学环节的管理工作，应该做好以下几个方面的工作：

一是，要明确每次课程的教学目标。通过每一次课程的学习、训练或体验，使学生在不同角度和环节熟悉劳动场景，强化劳动技能，树立劳动光荣的观念。

二是，认真制订和落实教学计划。将劳动任务细分到具体辅导老师及具体班级。

三是，制定好辅导老师的考核办法。劳动教育是辅导老师的工作内容之一，要纳入辅导老师的绩效考核及评优评先指标体系，并与辅导老师的评优评先和绩效工资挂钩。

四是，做好劳动组织工作。各教学单位要根据劳动课程安排，组织好劳动教学。

五是，做好检查评比。各教学单位要组织好学生进行劳动成果综合检查评比，查找问题并落实整改。

六是，做好表彰奖励。通过评比评出先进班级，对劳动教育中成绩突出的集体和个人，采取颁发流动红旗、通报表彰和物质奖励的办法进行激励，并与学生个人评优评先相结合。

七是，做好学生劳动成绩考核。将考核成绩纳入学生学籍管理系统。

八是，做好安全预案。加强学生的安全教育和教学现场的安全管理，确保劳动教育教学工作安全有序开展。

第四节　劳动文化教育的全面开展

一、在校生勤工俭学

（一）校内服务性岗位的劳动

为了培养学生的劳动意识，许多高校均利用校内服务性劳动岗位为学生提供勤工助学机会，以此培养学生的劳动品质，打造独具特色的校园劳动文化。勤工助学可通过校内设岗，让学生参与保洁、食堂帮厨、绿化美化、校园秩序维护、公益劳动以及其他事务，丰富学生的社会阅历，培养劳动兴趣，提高劳动能力。同时，学生通过勤工助学获取劳动报酬，用以弥补和解决部分学习与生活费用，有助于培养其社会适应能力，养成自立自强的优良品质，提高实践和创业能力。高校利用校内服务性岗位开展勤工助学，应重点做好以下几个方面的工作：

1. 积极拓展学校内部勤工助学岗位

当前，各高校勤工助学岗位普遍供不应求，应拓宽服务领域，不断扩大学生勤工助学的空间，为学生提供更多的勤工助学岗位。人们可探索勤工助学公司化，即将高校勤工助学委托给公司经营，通过公司运作实现长远发展和事业拓展，为学生提供更多的勤工助学岗位。

2. 勤工助学与专业学习相结合

应结合学校和学生实际，吸纳一些适合的学生参加实验室、课题研究等方面的工作，实现勤工助学与专业学习相结合，进而增强大学生专业技能，提升竞争实力。勤工助学作为丰富多彩的社会实践活动，是课堂教育的有益补充和拓展，有利于锻炼高校大学生对专业知识的运用能力，促进大学生自身知识结构调整，激发学习积极性。

3. 创新和完善以创业为导向的勤工助学模式

将勤工助学活动与创新创业教育相结合，通过设立创新创业型勤工助学岗位，鼓励和激发大学生创新创业热情，提高创新创业能力。在创业型勤工助学活动中，学生会逐渐培养起自身的时间观念、纪律观念、劳动观念、团队观念等。通过从事经营型、管理型工作，帮助学生丰富创业经验，提升创业能力。

4. 不断加强和完善大学生勤工助学工作的管理

通过加强组织领导，健全管理机构，完善管理办法，建立长效机制，推进工作创新，加强大学生勤工助学工作的保障。高校应将学生勤工助学活动分为集中性和分散性两种方式，针对一年级学生采用集中性勤工助学方式，二年级学生的勤工助学活动则采取分散式，但由各分院提出书面申请，结合专业特点统一安排。为保证执行力度，应出台《学生社会实践活动管理办法》，设学联勤俭部负责与学生签订勤工助学协议书。协议书包括点评制度、汇报制度、考勤制度、奖励制度。对于因各种原因不能参加勤工助学的学生，须由分院提出书面申请，经勤工助学领导办公室批准同意后方可。以其他方式完成社会实践课的，须由教务处按教学计划进行审定，由领导小组组长签字同意后依据批示意见执行。对于考核不及格及未参加勤工助学的学生，须进行补课，未补课或未达到要求者，社会实践活动成绩和综合测评成绩均按不及格处理，不予毕业，这样有效保证了制度执行的刚性。通过细致周密的安排和深入细致的思想政治工作，各高校的勤工俭学工作，对于培养学生尊重劳动、善于劳动的优良品质，继承和发扬军垦精神，促进民族团结等都起到了重要的作用。

（二）企业生产岗位的实践劳动

为了使学生受到系统全面的劳动教育，掌握劳动技能，培养劳动素养，我国高校普遍实施了在校生毕业前到企业顶岗实习制度，应充分发挥顶岗实习对学生劳动素养养成的作用。

首先，应保证顶岗实习期间学生有充分的操作机会。学生在顶岗实习期间常常因为生产的安全性和完成任务的紧迫性造成学生不能充分操作机器设备，从而降低了学生通过顶岗实习接受劳动教育和劳动锻炼的效果。如各高校开展的勤工俭学社会实践课程。学生们通过在车间各岗位充分的动手实践，体验生产劳作的辛苦，感受生产现场劳动文化氛围，养成和提升了吃苦耐劳精神和职业意识，为未来职业发展打下良好基础。

其次，在学生顶岗实习过程中，应加强指导教师的有效指导，保证在学生遇到困难的时候能够及时在教师指导下得以有效解决，防止学生在操作过程中造成生产事故和人身伤害，从而产生害怕劳动甚至厌恶劳动的心理阴影。如北某校在畜牧兽医专业实行"岗位轮动"顶岗实习模式。该模式根据宠物养护及美容、绿色畜禽养殖、畜禽良种繁育、动物疫病防治四大领域的人才需求，以畜牧兽医专业动物养护与疫病防治能力培养为核心，通过在种禽繁育企业、动物医院、畜禽养殖场、动物疫病预防控制中心等不同企业间，及同一企业内部不同岗位间实施轮动教学，考虑到学生在众多岗位轮换顶岗安全风险，该校安排指导教师给予学生全方位全过程悉心指导，确保了安全生产，使学生在众多岗位轮岗过程中体验到劳动的快乐，牢固树立我劳动我快乐的劳动观念。

最后，校企双方应加强对实习学生的管理，学生实习的单位常常距离学校较远或者地点偏僻分散，如果放松管理常常会出现实习学生自由散漫的现象，不利于培养学生吃苦耐劳的品质和纪律观念。

二、毕业生就业、创业帮扶

如何完成劳动文化建设的"最后一公里"，即将劳动文化建设延伸至高校已经毕业且在工作岗位工作的离校生，对于促进学生终身成长和创新创业具有十分重大的意义。

（一）就业帮扶

就业，即找到工作，得到职业。高校毕业生就业后，走上工作岗位，应做好以下工作：

首先，需要面对的是岗位定向培训。这一阶段，学校应通过系部、专业以及校友会等组织机构加强与离校生的联系和沟通，充分发挥专业指导作用。

其次，通过岗位定向培训取得上岗资格后，学校应重点在爱岗敬业和吃苦耐劳方面给予充分的指导和激励。学生在实习期满转为正式员工后，应发挥系部专业教师优势给其工作方法和技能上的指导。毕业生离校后分散到各地各行业不同的工作岗位，初到工作岗位的毕业生常常面临较大的工作压力，甚至感到力不从心，心理疏导部门应保持密切跟踪。尤其是对在校期间有问题的学生应给予足够的心理关注，确保学生心理健康，对于家庭困难者应通过党员献爱心等活动给予其一定的经济帮扶。

为了提高帮扶的精准性，高校应建立专业的离校生跟踪服务团队，围绕离校生环境适应能力、综合职业能力、心理健康等开展精准性帮扶工作，使已经毕业的离校生在劳动的岗位上一步一个脚印，走得扎实，干出成就，防止和避免培养的学生在劳动岗位上流失。

（二）创业帮扶

1.在校期间的创业帮扶

一是，大力开展创新创业教育。为提高大学生创新创业能力，高校应加强对在校生进行双创教育，支持和扶持在校生从事创业活动。通过开设创新创业课程，并将创新创业教育融入专业教学，培养学生自主创业的意识和能力。同时，开展形式多样的双创活动。通过开展毕业生创业事迹报告会、创新创业大赛和优秀毕业生创业事迹讲座等，提高大学生创新创业能力。

二是，面向在校生设立大学生科技创新项目。通过设立专项资金支持，安排专业教师全程指导，培养和锻炼学生的科研实践能力和创新创业能力。各高校每年拿出一定的经费用于资助在校学生从事科研创新活动，为学生开展自主创业打下基础。

三是，组建双创孵化室。通过组建孵化室，让学生在老师的悉心指导下通过实操练就自主创业胆识和能力。

2. 离校生创业帮扶

学生毕业后有的留在母校继续创业，大多数毕业生则将创业项目转移到社会上继续开展相应的生产、经营和研发活动。对于自主创业的毕业生，学校应重点开展孵化后的帮扶，借助现代信息技术建立离校生创业跟踪服务体系，开展离校生的创业帮扶和指导工作。

一些高校在这方面作出了许多有益的探索并取得了显著的成绩。

三、建设系统化劳动教育贯通机制

把劳动教育贯穿人的成长和教育的全过程、贯穿每一个家庭和社会各行各业，把培养人的劳动品质和培养学生学习知识有机统一起来。

（一）推进学校、家庭、社会密切配合

1. 重视发挥学校在劳动文化教育中的作用

学校作为劳动文化教育的主阵地，对于开展劳动文化教育责无旁贷，应借助学校具有的人才、专业和资源优势，发挥好劳动教育主渠道和主阵地作用。一是重视发挥劳动课、理实一体化教学、课程实验、顶岗实习等教学环节在劳动文化教育中的重要作用。二是重视发挥社会实践、勤工俭学等第二课堂的劳动育人作用。美国现代教育家、思想家杜威曾提出"教育即生活"的观点，认为教育旨在

提高学生适应社会的能力，教育不能离开社会生活。为此，要鼓励学生通过参与社会实践和勤工助学活动深入社会生活，为学生认识社会和增加劳动经验创造条件，促进学生良好劳动品质的养成。

2. 重视发挥社会在劳动文化教育中的作用

充分发挥企业、农场、乡村和社会组织在劳动文化教育中的作用，重视规范企业等社会组织在学生顶岗实习、现代学徒制、校企共建等方面的责任，重视加强学校与社会共建劳动文化教育基地建设，构建优势互补、资源共享、协同发展的良性互动机制。

（二）推进各级、各类学校有机衔接

关于在中小学开展劳动教育的问题，德国教育家、劳作教育代表人物凯兴斯泰纳主张"劳作教育可在中小学里实行。其任务在于教育学生了解自己的职责，国家任务，贯彻意志，养成实施意志的能力"[①]。我国相关文件都对中、小学和大学开展劳动教育提出了具体要求，各级、各类学校应认真贯彻落实，政府有关部门应加大在督查和考核力度。

（三）加强统筹协调和法治建设

1. 创新教育理念

以终身学习理念引领劳动教育改革，努力做到家庭教育、学校教育、社会教育协调发展，家庭教育、幼儿教育、义务教育、职业教育和普通高等教育沟通衔接，努力形成全方位、终身型的劳动文化教育型社会。

2. 加强统筹协调

对劳动教育进行系统设计和整体安排，通过制定学前及各学段劳动教育指导性文件，引导学生通过参加家务劳动以及劳动课程教学、校内劳动、校外劳动等，培养自身热爱劳动的习惯和品质。

3. 加强相关法治建设

加强《劳动教育法》立法工作，明确各级政府和企事业单位、社会组织对劳

---

① 北京师联教育科学研究所. 职业教育思想与《劳作学校要义》选读 [M]. 北京：中国环境科学出版社，2006.

动教育的责任，规范家庭、幼儿园、中小学、高等院校劳动教育行为，规范每个社会成员接受劳动教育的权利和义务，形成权责明确、统筹协调、相互衔接、规范有序的劳动教育管理体制，实现劳动教育法治化。

参考文献

[1] 汪永智，郭宏才，荣爱珍. 劳动教育 [M]. 北京：北京理工大学出版社，2021.

[2] 王晓红，孙利峰，黄科祥. 劳动教育实践手册 [M]. 北京：航空工业出版社，2021.

[3] 李志峰. 大学生劳动教育概论 [M]. 武汉：武汉大学出版社，2021.

[4] 朱华炳，李小蕴. 劳动教育项目设计与拓展 [M]. 合肥：合肥工业大学出版社，2021.

[5] 姜正国. 劳动教育与工匠精神教程 [M]. 北京：北京理工大学出版社，2021.

[6] 梁露，张自遵，王继梅. 高职生劳动教育教程 [M]. 北京：中国民主法制出版社，2021.

[7] 梁焕英. 新时代劳动教育多样态 [M]. 沈阳：辽宁大学出版社，2021.

[8] 李臣之，黄春青. 新时代劳动教育课程设计与实施 [M]. 广州：广东教育出版社，2022.

[9] 张子睿，郭传真. 劳动教育及其创新进路研究 [M]. 北京：中国书籍出版社，2021.

[10] 龚春燕，程艳霞. 新时代劳动教育创新论纲 [M]. 北京：教育科学出版社，2021.

[11] 肖绍明. 劳动教育的文化研究 [J]. 华东师范大学学报（教育科学版），2022，（第 2 期）：17-28.

[12] 阚彦凌. 传统文化视域下劳动教育探析 [J]. 新丝路，2022，（第 25 期）：113-115.

[13] 劳动精神篇：弘扬优秀劳动文化——摘自《劳动教育箴言》[J]. 工会博览，2023，（第 9 期）：47-48.

[14] 张国元. 通过文化和课程共同推进劳动教育 [J]. 人民教育，2022，（第 Z3

期）：122.

[15] 王红林.彰显民俗文化特色 传承劳动教育精神 [J].山东教育，2023，（第 Z1 期）：35-36.

[16] 传统文化视域下的劳动教育发展 [J].语文建设（上半月），2022，（第 7 期）.

[17] 王红林.民俗文化为主题的劳动教育实践 [J].中国教育学刊，2022，（第 1 期）：107.

[18] 刘绍晨.高校劳动教育的研究探索 [J].新课程教学（电子版），2022，（第 11 期）：183-184.

[19] 朱颖，陈寿灿.高校劳动教育伦理的困局与开解研究 [J].现代职业教育，2023，（第 9 期）：8-12.

[20] 李豫婷，徐窑窑，唐伯平.新时代高校劳动教育的现状及策略 [J].学园，2023，（第 2 期）：57-59.

[21] 唐璐.新时代大学生劳动观现状及培育对策研究 [D].桂林：桂林电子科技大学，2022.

[22] 熊磊.高校开展劳动教育的现状及对策研究 [D].贵阳：贵州财经大学，2022.

[23] 余苗."00 后"大学生劳动意识及其培养研究 [D].南京：南京信息工程大学，2022.

[24] 侯建燕.新时代大学生劳动幸福观培育研究 [D].杭州：浙江大学，2022.

[25] 李子莹.新时代大学生劳动教育提升路径研究 [D].杭州：浙江大学，2022.

[26] 李珍."三全育人"视域下大学生劳动教育研究 [D].重庆：重庆邮电大学，2022.

[27] 李丹.新时代大学生劳动观教育的现状及优化策略研究 [D].重庆：重庆邮电大学，2022.

[28] 张双英.新时代大学生劳动观及其培育的高校维度研究 [D].北京：中国矿业大学，2022.

[29] 何佳雯.新时代大学生劳动教育实现路径研究 [D].重庆：重庆交通大学，2022.

[30] 代承轩.新时代加强大学生劳动教育研究 [D].株洲：湖南工业大学，2022.